EL MINISTERIO DE JÓVENES EN LA IGLESIA

Los Bosquejos de la Clase
"El Ministerio de Jóvenes en al Iglesia"

Edición del Maestro

Pastor Jeremy Markle

**LOS MINISTERIOS
DE
ANDANDO EN LA PALABRA**
Pastor Jeremy Markle
www.walkinginthewordministries.net

El Ministerio de Jóvenes en la Iglesia

Edición del Maestro

Preparado para la clase "El Ministerio de Jóvenes en la Iglesia"
Colegio Universitario Bautista de Puerto Rico

Publicado por Los Ministerios de Andando en la PALABRA
Walking in the WORD Ministries
www.walkinginthewordministries.net

Impreso en los Estados Unidos.

ISBN: 978-1947430204

El siguiente material fue escrito en forma de bosquejo para la clase
"El Ministerio de Jóvenes en la Iglesia,"
en el Colegio Universitario Bautista de Puerto Rico.
Su propósito es proporcionar instrucción bíblica y práctica
para establecer y mantener el ministerio de jóvenes en una iglesia local.

Que Dios lo bendiga grandemente
mientras usted y su iglesia preparan la próxima generación
para glorificar a Dios con su vida entera.

Pastor Jeremy Markle

Indice

Una Filosofía Bíblica del Ministerio de la Iglesia
Por el Libro de Efesios

☞ El <u>propósito</u> de Dios para Su iglesia
- ✎ <u>Alabar</u> a Dios (Efesios 1:3-14)
  - ➜ La gloria de Dios es alabada por los creyentes unidos en la misma iglesia
    *Efesios 3:7-10 - La sabiduría de Dios es observada por los ángeles a través de la iglesia
- ✎ <u>Glorificar</u> a Dios (Efesios 3:21)
  - ➜ La <u>preparación</u> de la iglesia para glorificar a Dios (Efesios 5:24-26)
    - ✓ Ella debe estar sujeta a Dios
    - ✓ Ella debe aceptar la purificación de Dios por medio de Jesucristo
      - ☆ Debe ser santificada por la Palabra de Dios
        *Juan 17:17
      - ☆ Debe ser purificada por la Palabra de Dios
        *Salmo 119: 9, II Timoteo 3:16-17
  - ➜ La <u>presentación</u> de la iglesia para glorificar a Dios (Efesios 5:27)
    - ✓ Ella debe ser sin mancha, arruga, ni cosa semejante
    - ✓ Ella debe ser santa y sin mancha
      *I Pedro 2: 9-12

☞ El <u>programa</u> de Dios para Su iglesia
- ✎ Un <u>cuerpo</u> espiritual (Efesios 4:15-16)
  - ➜ Jesús es la cabeza del cuerpo para proporcionar
    *Efesios 1:22 5:23, Colosenses 1:13-18, 2:18-19
  - ➜ Los creyentes son los miembros del cuerpo
    *Efesios 5:29-30, Romanos 12:3-5, I Corintios 12:12-27
- ✎ Una <u>familia</u> (hogar) espiritual (Efesios 2:19-22)
  - ➜ La piedra angular (2:20b)
    - ✓ Jesucristo
      *I Pedro 2:4-8

➔ La fundación (2:20a)
  ✓ Los apóstoles
  ✓ Los profetas
➔ El marco/edificio (21)
  ✓ Los creyentes
    *Desde cualquier fondo, nacionalidad, etc., trabajando juntos para la gloria de Dios.

☞ La <u>provisión</u> de Dios para Su iglesia
  *Efesios 4:7-8 - Dios ha dado los dones necesarios para hacer el trabajo del ministerio. Es la responsabilidad de la iglesia a reconocer esos dones y para cada creyente aplicar el don que ha recibido (Romanos 12:4-8, I Pedro 4:10-11)
  ✎ El liderazgo espiritual <u>fundacional</u> (Efesios 4:11a)
    *Efesios 2:20a
    ➔ Los apóstoles
    ➔ Los profetas
  ✎ El liderazgo espiritual <u>fundamental</u> (Efesios 4:11b)
    ➔ Los evangelistas
      *Hechos 21:8, II Timoteo 4:5
    ➔ Los pastores-maestros
      *Romanos 12:3-5, I Pedro 5:1-3, I Timoteo 3:1-7

☞ El <u>plan</u> de Dios para Su iglesia
  ✎ Dios <u>da</u> el liderazgo espiritual (Efesios 4:11)
  ✎ El liderazgo <u>perfecciona</u> (prepara) a los creyentes (Efesios 4:12a)
  ✎ Los creyentes <u>hacen</u> el trabajo del ministerio de la iglesia (Efesios 4:12b)
    *Para edificar a todo el cuerpo de Cristo
  ✎ La iglesia <u>crece</u> (Efesios 4:13-16)
    ➔ Crece en unidad
      ✓ En la fe
      ✓ En el conocimiento del Hijo de Dios
    ➔ Crece en la imagen de Cristo
    ➔ Crece en la protección del pecado
    ➔ Crece en el amor

Efesios 4:16
16 de quien todo el cuerpo,
bien concertado y unido entre sí
por todas las coyunturas que se ayudan mutuamente,
según la actividad propia de cada miembro,
recibe su crecimiento para ir edificándose en amor.

Un Ejemplo de una Iglesia Bendecida
Hechos 2:1-47

El predicador proclamó la Palabra de Dios
Los oyentes creyeron la Palabra de Dios
Los oyentes obedecieron la Palabra de Dios
Los oyentes continuaron en la Palabra de Dios
El ministerio crecía por Dios

Las Peticiones por los Miembros de la Iglesia
Efesios 1:15-23, 3:14-21

15 Por esta causa también yo,
habiendo oído de vuestra fe en el Señor Jesús,
y de vuestro amor para con todos los santos,
16 no ceso de dar gracias por vosotros,
haciendo memoria de vosotros en mis oraciones,
17 para que el Dios de nuestro Señor Jesucristo, el Padre de gloria,
os dé espíritu de sabiduría y de revelación en el conocimiento de él,
18 alumbrando los ojos de vuestro entendimiento,
para que sepáis cuál es la esperanza a que él os ha llamado,
y cuáles las riquezas de la gloria de su herencia en los santos,
19 y cuál la supereminente grandeza de su poder
para con nosotros los que creemos,
según la operación del poder de su fuerza,
20 la cual operó en Cristo,
resucitándole de los muertos y sentándole a su diestra en los lugares celestiales,
21 sobre todo principado y autoridad y poder y señorío,
y sobre todo nombre que se nombra,
no sólo en este siglo, sino también en el venidero;
22 y sometió todas las cosas bajo sus pies,
y lo dio por cabeza sobre todas las cosas a la iglesia,
23 la cual es su cuerpo,
la plenitud de Aquel que todo lo llena en todo.

14 Por esta causa doblo mis rodillas ante el Padre de nuestro Señor Jesucristo,
15 de quien toma nombre toda familia en los cielos y en la tierra,
16 para que os dé, conforme a las riquezas de su gloria,
el ser fortalecidos con poder en el hombre interior por su Espíritu;
17 para que habite Cristo por la fe en vuestros corazones,
a fin de que, arraigados y cimentados en amor,
18 seáis plenamente capaces de comprender con todos los santos
cuál sea la anchura, la longitud, la profundidad y la altura,
19 y de conocer el amor de Cristo,
que excede a todo conocimiento,
para que seáis llenos de toda la plenitud de Dios.
20 Y a Aquel que es poderoso
para hacer todas las cosas mucho más abundantemente
de lo que pedimos o entendemos,
según el poder que actúa en nosotros,
21 a él sea gloria en la iglesia en Cristo Jesús por todas las edades,
por los siglos de los siglos. Amén.

Un Modelo Bíblico para el Establecimiento de los Ministerios Especializados en la Iglesia
Hechos 6:1-7

☞ Una necesidad legítima es <u>revelada</u> (1)
- ✎ Las necesidades <u>físicas</u> de un grupo específico de miembros de la iglesia se estaban siendo descuidados
- ✎ Las necesidades <u>espirituales</u> estaban desarrollando debido a la disensión

☞ El liderazgo de la iglesia <u>presenta</u> una solución práctica (2-4)
- ✎ Los líderes <u>reconocieron</u> la necesidad, pero fueron limitados en proporcionar personalmente la solución
- ✎ Los líderes <u>llamaron</u> a los discípulos de la iglesia a reunirse
- ✎ Los líderes <u>guiaron</u> a los discípulos de la iglesia para elegir trabajadores calificados
  - → Ellos especificaron el número de trabajadores necesarios
  - → Ellos especificaron los requisitos para cada trabajador
    - ✓ De entre los discípulos
    - ✓ De buen testimonio
    - ✓ Lleno del Espíritu Santo
    - ✓ Lleno de la sabiduría

☞ Los miembros de la Iglesia <u>participaron</u> en la solución (5)
- ✎ Ellos estaban despuestos a <u>seguir</u> las instrucciones del liderazgo
- ✎ Ellos <u>eligieron</u> a siete hombres según las calificaciones dadas por el liderazgo

☞ El liderazgo de la Iglesia <u>aprobó</u> la selección de los miembros de la iglesia (6)

   ✎ Los miembros <u>presentaron</u> a los siete hombres elegidos al liderazgo

   ✎ El liderazgo <u>aprobó</u> y <u>oró</u> por los trabajadores y su ministerio

☞ La Palabra de Dios <u>crecía</u> (7)

El Liderazgo Espiritual que Edifica la Obra de Dios por el Ejemplo de Nehemías

☞ <u>Reconocer</u> las necesidades (Nehemías 1:2-3)
  ✎ La condición <u>física</u>
  ✎ La condición <u>espiritual</u>

☞ <u>Aceptar</u> la carga personal de las necesidades (Nehemías 1:4)

☞ <u>Pedir</u> y <u>recibir</u> el permiso y los recursos para participar en resolver las necesidades (Nehemías 1:5-2:10)
  ✎ Pedir a <u>Dios</u> por Su ayuda (1:5-11)
  ✎ Pedir a los <u>líderes</u> humanos por su ayuda (2:1-10)

☞ <u>Investigar</u> a completamente las necesidades (Nehemías 2:11-16)

☞ <u>Incluir</u> la gente en la resolución de las necesidades físicas (Nehemías 2:17-3:32)
  ✎ <u>Comunicar</u> la necesidad (2:17)
  ✎ <u>Animarlos</u> por la palabra y obra de Dios (2:18a)
  ✎ <u>Confrontar</u> las dudas y los burladores por la fe en Dios (2:19-20)
  ✎ <u>Organizarlos</u> en la obra (3:1-32)

☞ <u>Resolver</u> los problemas que impideen la resolución de las necesidades (Nehemías 4:1-6:19)
  ✎ <u>Remover</u> los desánimos de afuera por depender en la protección y provisión de Dios (4:1-23)
  ✎ <u>Corregir</u> las divisiones por dentro por confrontación y restauración (5:1-19)
  ✎ <u>Negar</u> las distracciones de la meta (6:1-19)

☞ <u>Organizar</u> a la gente para proteger la obra en el futuro (Nehemías 7:1-73)
  ✎ <u>Elegir</u> el liderazgo (1-4)
  ✎ <u>Tomar</u> cuenta de la gente incluida (5-69)
  ✎ <u>Recoger</u> las provisiones para mantener la obra (70-73)

☞ <u>Enseñar</u> a la gente la resolución Bíblica de las necesidades espirituales (Nehemías 8:1-13:6)

    ✎ <u>Presentar</u> la Palabra de Dios (8:1-6)

    ✎ <u>Explicar</u> la Palabra de Dios (8:7-8)

    ✎ <u>Permitir</u> que la gente responda correctamente a la Palabra de Dios (8:9-14)

    ✎ <u>Animar</u> a la gente que se dediquen a obedecer la Palabra de Dios (8:15-13:5)

☞ <u>Confrontar</u> los fracasos que causan daño a la obra (Nehemías 13:6-31)

La Autoridad Bíblica sobre la Juventud

Los jóvenes cristianos tienen tres autoridades principales dadas por Dios. Cada autoridad tiene que reconocer la existencia de las otras para que puedan trabajar juntos.

☞ **Los <u>Padres</u>**

Los padres son la autoridad <u>principal</u> sobre la vida del joven. Los padres también tienen la mayor responsabilidad en la enseñanza y el entrenamiento del joven para glorificar y servir a Dios.

Deuteronomio 4:9, 6:5-9, 20-4, 11:18-21
Efesios 6:1-4
Colosenses 3:20

☞ **La <u>Iglesia</u>**

La iglesia local y el liderazgo <u>espiritual</u> que se encuentra en la misma son la autoridad espiritual sobre la familia, y son dados por Dios para enseñar a los padres de cómo, y asistirlos, en la crianza del joven piadoso. El liderazgo espiritual en la iglesia local y los miembros de la iglesia se los da la responsabilidad de edificar en unidad, cada joven en su caminar espiritual con Dios.

Efesios 4:11-16
Hebreos 13:7, 17

☞ **El <u>Gobierno</u>**

El gobierno es la autoridad <u>social</u> dada por Dios para proveer un ambiente seguro para que el joven cristiano crezca y viva para Dios. El gobierno ha sido dado la responsabilidad de proteger a los ciudadanos respetuosos de la ley, y de castigar a aquellos que violan las leyes establecidas por el orden social.

Romanos 13:1-7
Tito 3:1
I Pedro 2:13-17

Es de suma importancia que el líder de jóvenes en la iglesia local
honrar las <u>normas</u> establecidas por los padres
y las <u>leyes</u> dadas por el gobierno.

El líder de jóvenes en la iglesia local debe dirigir cada joven
a honor y obedecer bíblicamente a sus padres y al gobierno,
tanto por la <u>instrucción</u> verbal y el <u>ejemplo</u> observable.

El líder de jóvenes en la iglesia local no puede <u>reemplazar</u>
la autoridad de los padres ni del gobierno
y nunca debe tratar de hacerlo.

Un Diagrama de Flujo de la Autoridad

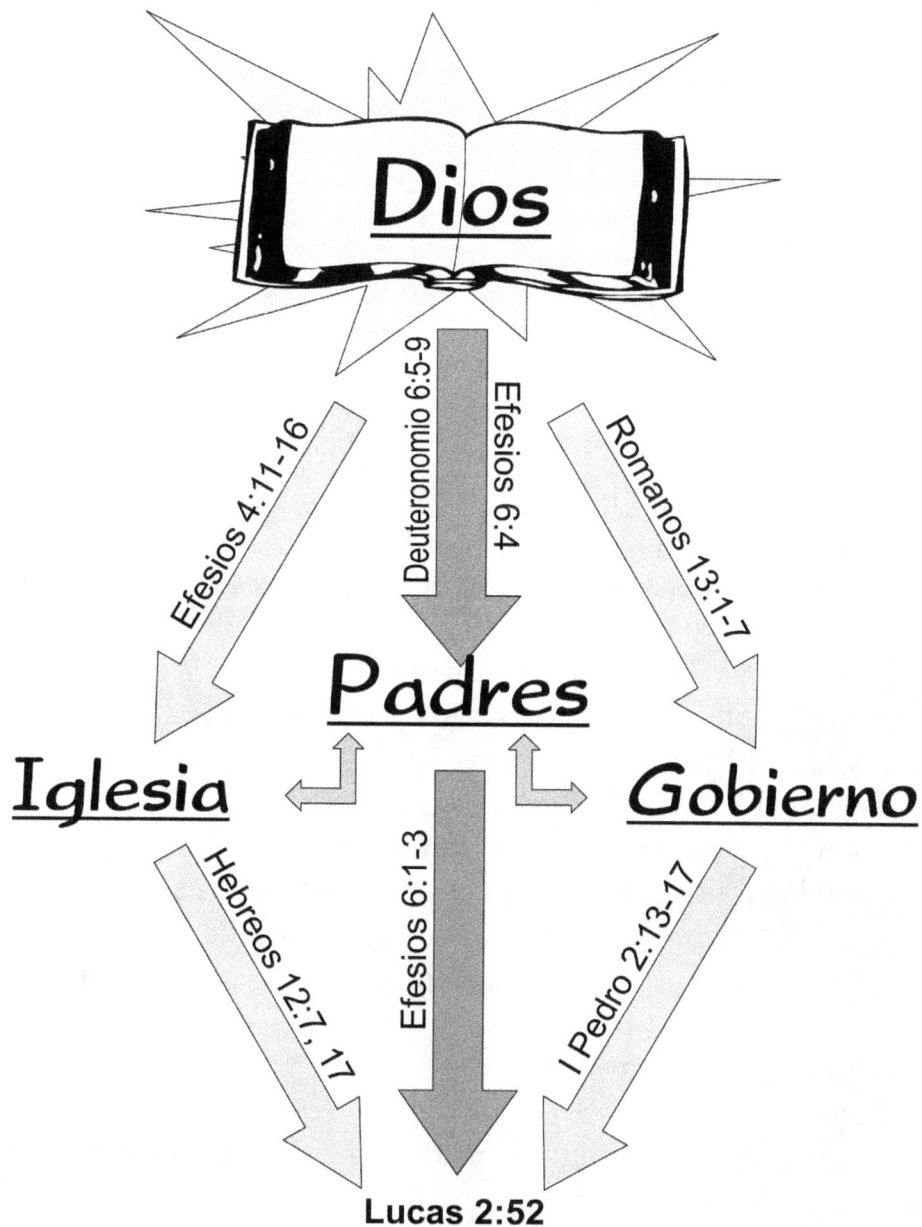

Dios

Efesios 4:11-16

Deuteronomio 6:5-9

Efesios 6:4

Romanos 13:1-7

Padres

Iglesia

Gobierno

Hebreos 12:7, 17

Efesios 6:1-3

I Pedro 2:13-17

Lucas 2:52

Los Ministerios Bíblicos Básicos
de los Adultos Espirituales
en la Vida del Joven

☞ El ministerio del <u>pastor</u>
  ✎ Efesios 4:11-16
    → <u>Preparar</u> cada joven para hacer la obra del ministerio (11-12)
    → <u>Animar</u> cada joven a tener unidad en la fe y el conocimiento de Jesucristo (13-16)
      ✓ Para que el joven no es como los niños, simple en la comprensión
      ✓ Para que el joven habla la verdad con amor
      ✓ Para que el joven crece en Jesucristo
      ✓ Para que el joven trabaja con otros creyentes como un cuerpo
  ✎ I Pedro 5:1-4
    → <u>Alimentar</u> cada joven con el alimento espiritual de la Palabra de Dios (1-2)
    → Ser un <u>ejemplo</u> espiritual para cada joven (3-4)
  ✎ Hebreos 13:7, 17
    → <u>Presentar</u> la Palabra de Dios a cada joven (7)
    → <u>Proporcionar</u> un ejemplo de fe para cada joven (7)
    → <u>Proporcionar</u> un ejemplo de buena conducta para cada joven (7)
    → <u>Proveer</u> liderazgo que puede ser seguido por cada joven (17)
    → <u>Proteger</u> (cuidar) el alma de cada joven (17)

☞ El ministerio del <u>creyente</u> maduro
  ✎ Tito 2:1-8
    → Los <u>hombres</u> - ser un ejemplo piadoso y enseñan al jovencito como ser un hombre piados (1-2, 6-8)
    → Las <u>mujeres</u> - ser un ejemplo y enseñan al jovencita como ser una mujer piadosa (3-5)
  ✎ Gálatas 6:1-2, Santiago 5:16-20
    → <u>Enfrentar</u> con cuidado y ayudar a restaurar un joven en pecado

✎ I Tesalonicenses 5:14
   ➜ <u>Amonestar</u> al joven ocioso
   ➜ <u>Alentar</u> al joven de poco ánimo
   ➜ <u>Sostener</u> al joven débil
   ➜ Ser <u>paciente</u> para con todos los jóvenes

☞ El ministerio de la <u>iglesia</u>
   ✎ I Corintios 12:4-27
      ➜ Reconocer que cada joven tiene un <u>don</u> espiritual de Dios para ser utilizado para el beneficio de todo el cuerpo de Cristo (4-11)
      ➜ Reconocer que cada joven es una <u>parte</u> importante del cuerpo de Cristo (12-17)
      ➜ Reconocer que Dios <u>puso</u> a cada joven en el cuerpo de Cristo (18)
      ➜ Reconocer que cada joven debe ser incluido en la <u>obra</u> conjunto del cuerpo de Cristo (19-22)
      ➜ Reconocer que cada joven que parece débil puede ser de mayor <u>necesidad</u> para el cuerpo de Cristo (23-24)
      ➜ Reconocer que no debe haber ninguna <u>división</u> entre el cuerpo de Cristo y un joven (25)
      ➜ Reconocer que el cuerpo de Cristo debe <u>sufrir</u> cuando el joven sufre (26a)
      ➜ Reconocer que todo el cuerpo de Cristo debe <u>regocijarse</u> cuando se honre a un joven (26b)
   ✎ Colosenses 3:12-17
      ➜ <u>Soportar</u> (ser paciente) a cada joven (12-13a)
      ➜ <u>Perdonar</u> a cada joven (13b)
      ➜ <u>Amar</u> a cada joven (14-15)
      ➜ <u>Exhortar</u> a cada joven que La Palabra de Dios mora en él (16a)
      ➜ <u>Enseñar</u> y amonestar a cada joven con cánticos (16b-17)
   ✎ Hebreos 10:24-25
      ➜ Animar a cada joven a <u>amar</u> y hacer buenas <u>obras</u>
      ➜ Animar a cada joven <u>más</u> y más

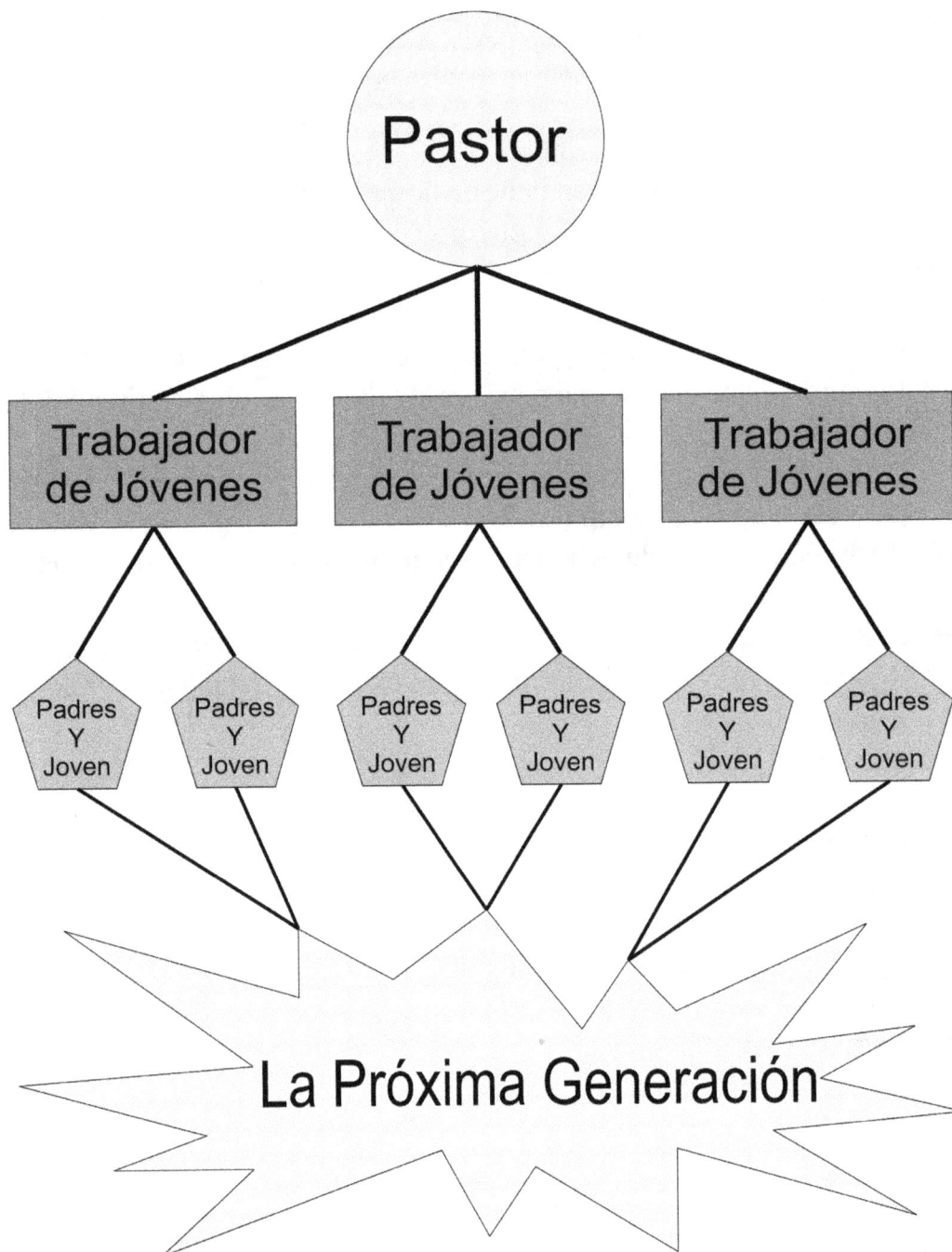

El Aviso
para el Ministerio de Jóvenes
Hechos 20:28-32

28 Por tanto, mirad por vosotros,
y por todo el rebaño en que el Espíritu Santo os ha puesto por obispos,
para apacentar la iglesia del Señor, la cual él ganó por su propia sangre.
29 Porque yo sé que después de mi partida
entrarán en medio de vosotros lobos rapaces,
que no perdonarán al rebaño.
30 Y de vosotros mismos se levantarán hombres que hablen cosas perversas
para arrastrar tras sí a los discípulos.
31 Por tanto, velad, acordándoos que por tres años, de noche y de día,
no he cesado de amonestar con lágrimas a cada uno.
32 Y ahora, hermanos, os encomiendo a Dios,
y a la palabra de su gracia, que tiene poder para sobreedificaros
y daros herencia con todos los santificados.

FALTA DE INTERÉS (DE LA IGLESIA DE LOS PADRES DE LOS JÓVENES)

FALTA DE AYUDA

FALTA DE UNIDAD

FALTA DE ENERGÍA

FALTA DE SEPARACIÓN DEL MUNDO

FALTA DE TIEMPO

FALTA DE ÉXITO

FALTA DE RESPETO

ESTOY FALTA DE ESPERANZA PROV. 13:12

II Timoteo 4:16-18

16 En mi primera defensa ninguno estuvo a mi lado,
sino que todos me desampararon; ...
17 Pero el Señor estuvo a mi lado, y me dio fuerzas, ...
18 Y el Señor me librará de toda obra mala,
y me preservará para su reino celestial.
A él sea gloria por los siglos de los siglos. Amén.

Un <u>Problema</u> Humano es una <u>Oportunidad</u> por la Provisión Divina

La Fidelidad en el Ministerio
(I Reyes 18:1-19:21)

¡Reconocer que el desanimo puede venir
después que una grand <u>victoria</u> espiritual!
(I Reyes 18:1-45)

¡Reconocer que el desanimo puede vener
después que el gasto de <u>energía</u> física!
(I Reyes 18:46)

¡Reconocer que el desanimo puede vener
por una sola <u>persona</u>!
(I Reyes 19:1-2)

¡Reconocer que el desanimo le lleva
a una lugar solitaria
y una actitud <u>egocéntrica</u>!
(I Reyes 19:3-4)

☞ Energizarte <u>físicamente</u> (5-8)
  ✎ <u>Descansar</u> correctamente
  ✎ <u>Comer</u> correctamente
  ✎ <u>Manejar</u> las debilidades correctamente

☞ Vitalizarte <u>espiritualmente</u> (9-18)
  ✎ <u>Buscar</u> un lugar de reflexiónarte en Dios
    ➔ Ser honesto a Dios sobre la condición de su corazón
  ✎ <u>Renovar</u> el conocimiento de Dios
    ➔ Permitir a Dios a revelarte a ti de nuevo por Su Palabra
      *Él le ofrece Su gracia suficiente - II Corintios 1:3-11
      *Él le llamó al ministerio, no los hombres - I Timoteo 1:12,
    ➔ Aceptar que no estás solo en el ministerio de Dios
      *Él le compromete a estar contigo siempre - Mateo 28:18-20, II Timoteo
      4:14-18

✎ <u>Reconocer</u> el llamado de Dios
➜ Entender el plan de Dios que tu preparas la próxima generación de siervos
*Es tu responsabilidad de buscar a salvar a aquellos en el lazo del Diablo - II Timoteo 2:20-26
*Es tu responsabilidad de buscar a aquellos fieles y prepararlos - II Timoteo 2:1-2
➜ Reconocer que hay otros fieles aun cuando haya muchos en contra
*Recordar que estás sirviendo a los demás por el amor de Dios - II Corintios 4:1-6, 12:15
*Recordar que es el juicio o la alabanza de Dios que vale aun cuando otras personas nos juzguen - I Corintios 4:1-6

☞ Volverte al <u>ministerio</u> (19-21)
✎ Obedecer el mandato de Dios de <u>ir</u>
✎ Obedecer el mandato de Dios de <u>preparar</u> a los otros

II Timoteo 2:1-7

1 Tú, pues, hijo mío, esfuérzate en la gracia que es en Cristo Jesús.
3 Tú, pues, sufre penalidades como buen soldado de Jesucristo.
4 Ninguno que milita se enreda en los negocios de la vida,
a fin de agradar a aquel que lo tomó por soldado.
5 Y también el que lucha como atleta,
no es coronado si no lucha legítimamente.
6 El labrador, para participar de los frutos, debe trabajar primero.
7 Considera lo que digo, y el Señor te dé entendimiento en todo.

Evitar Conflicto en el Ministro

☞ Los <u>conflictos</u> de co-ministrar
*Proverbios 13:10
"Sólo la soberbia concebirá contienda: Mas con los avisados está la sabiduría."
✎ Las diferencias personales pueden producir oportunidades para el conflicto
  → <u>Edad</u> - Cada generación tiene diferentes perspectivas y diferentes niveles de energía para cumplir el ministerio.
  → <u>Experiencia</u> - Cada persona tiene diferentes experiencias que forman su perspectiva de cada área de la vida y el ministerio.
  → <u>Educación</u> - Cada escuela ofrece un nivel diferente de la educación y presenta una filosofía única y práctica de cómo un ministro debe cumplir el ministerio y producir diferentes puntos de vista.
  → <u>Expectativas</u> - Cada persona tiene sus propios sueños e ideas en cuanto a cómo debe llevarse a cabo el ministerio.

☞ Las <u>diferencias</u> comunes que causan el conflicto
  ✎ Las diferencias en la <u>doctrina</u>
    *Hechos 20:29-32, I Juan 2:9
  ✎ Las diferencias en la <u>filosofía</u> y la <u>práctica</u>
    *Hechos 15:36-40
  ✎ Las diferencias en la <u>personalidad</u>
    *I Corintios 1:11-13, 3:1-8
  ✎ Las diferencias en la <u>familia</u>

☞ La <u>consejería</u> de mantener una buena relación de co-ministrar
  ✎ La consejería general
    → <u>Amar</u> en verdad (Romanos 13:10, I Corintios 13:1-8)
    → <u>Buscar</u> la paz (Romanos 12:16-21, Santiago 3:16-18)
    → <u>Eliminar</u> el orgullo (Proverbios 13:10, Filipenses 2:1-4)
    → <u>Perdonar</u> y no guardar malos sentimientos (Mateo 18:21-35, Efesios 4:26-32)
      *En el amor, aceptar ser defraudado con el fin de evitar cualquier conflicto (I Corintios 6:7-9).
    → <u>Mantener</u> abiertas las líneas de comunicación (Efesios 4:29-32, Santiago 3:1-12)

→ <u>Preocuparse</u> sinceramente por los demás (Santiago 4:11-12)

→ <u>Servir</u> en lugar de esperar a ser servido (Juan 13: 3-17, I Juan 3:18)

→ <u>Cumplir</u> todas las responsabilidades personales (Gálatas 5:3-5)

✎ La consejería para el joven pastor

→ <u>Mantener</u> el debido respeto por el pastor (I Pedro 5:5-7)

→ <u>Mantener</u> la humildad en lograr el ministerio y ver resultados (Juan 4:34-38)

→ Ser <u>paciente</u> mientras esperar para participar en el ministerio y para poner en práctica nuevas ideas

→ <u>Aprender</u> de las experiencias y la sabiduría del pastor

→ <u>Hacer</u> preguntas con el propósito de aprendizaje
   *No haga preguntas que parecen a atacar o deshonrar.

→ Ser <u>observador</u> en cuanto a cómo y por qué las cosas ya se están haciendo

→ <u>Ofrecer</u> su ayuda física con el fin de liberar que el pastor puede continuar su ministerio espiritual

→ <u>Tener</u> cuidado de no acusar al UNGIDO DE DIOS sin evidencia del pecado
   *I Samuel 24:1-15
   *I Timoteo 5:1, 19-21

La Prevención de las Acusaciones en el Ministerio de Jóvenes
Romanos 14:16

16 No sea, pues, vituperado vuestro bien;

El Aviso de Dios
Mateo 18:1-14
5 Y cualquiera que reciba en mi nombre a un niño como este,
a mí me recibe.
6 Y cualquiera que haga tropezar
a alguno de estos pequeños que creen en mí,
mejor le fuera que se le colgase al cuello
una piedra de molino de asno,
y que se le hundiese en lo profundo del mar.

✓ *Abuso incluye: hostigamiento (provocación, comentario sugestivo), toques inapropiados, exposición a o solicitación a involucrarse en pornografía, actos lascivos, hasta actos sexuales*

✓ *Alta incidencia del abuso aun en instituciones religiosas*
- ✦ *1:5 niñas, 1:10 niños se abusan antes de cumlpir 18 años*
- ✦ *RC pagó $3bill de 1950-2012 a víctimas de abuso sexual*
- ✦ *Más que 250 pastores fundamentalistas o evangélicas acusados hasta 2010*

☞ <u>Respetar</u> la obra del Señor (I Corintios 9:25-27)
- ✎ Tus <u>acciones</u> podrían destruir tu ministerio y el testimonio de Dios
- ✎ Dios <u>juzga</u> fuertemente a aquellos que pecan contra los niños (jóvenes) (Mate 18:5-6)
  - ✦ Tu único propósito en participar en este ministerio debe ser la salvación y crecimiento espiritual de los jóvenes

☞ <u>Preservar</u> tu buen testimonio (I Corintios 9:27, 10:31-33)
- ✎ Nunca estés a <u>solas</u> con un menor (Romanos 14:16, I Tesalonicenses 5:22)
  - ➜ Aconsejar en lugar público

→ Tener otra persona presente en encuentros privados

✎ Controla tus <u>pensamientos</u> (Job 31:1, Mateo 5:27-30, II Corintios 10:5)

→ Ni permitas que tus ojos vayan por donde no tienen que ir

→ No te permitas pensar de los jóvenes en forma sexual

✎ Cuidado con el <u>toque</u> (I Corintios 7:1, I Tesalonicenses 4:3-8)

→ Nunca toques al joven de manera inapropiada

→ No toques a nadie detenidamente (abrazos, brazo alrededor del hombro o cintura, agarrar la mano)

→ Evita el contacto físico de ser posible (una palabra de ánimo es tan efectivo como el toque)

→ Casos de emergencia se deben bregar con sumo cuidado (se trata por adulto del mismo sexo que el menor lesionado y con otras personas presentes, anuncia lo que vas a hacer y porqué)

✎ Guarda tu <u>lengua</u> (Santiago 3:1-13)

→ Palabras soeces o sugestivas no se permiten bajo ningunas circunstancias

→ Bromas personales que avergüenzan, humillan o lisonjean no se toleran

→ Palabras que pasan la raya entre cariño e intimidad se tienen que evitar

☞ <u>Velar</u> por los jóvenes (Proverbios 22:3)

✎ Provee <u>supervisión</u> diligente en todos momentos (aun en el baño)

→ Sé pendiente de las conversaciones y hechos de los jóvenes

→ Sé alerta por señales de interés *aun entre personas del mismo sexo*

→ Previene el contacto inapropiado y hostigamiento entre los jóvenes

✎ <u>Responde</u> seriamente ante cualquier alegación de abuso u hostigamiento

→ Intente obtener detalles de la persona que trae la queja de inmediato (no importa la hora ni el evento que se interrumpa, quizás no hablará luego ni con nadie más al respecto)

→ Habla directamente con el acusado si puedes (no aceptes su negación como la última palabra, pero el aviso puede servir para evitar acciones futuras si es culpable)

→ Reporta el incidente inmediatamente al director (si parece ser legítimo o no, no presumas la culpa ni inocencia de nadie)
✦*Todos los incidentes serán tomados en serio y serán investigados según las Escrituras y la ley.*

*Tomado en parte por un estudio presentado por Misionero Bill Pfaunmiller.

EL MINISTERIO FORTIFICADO
PROVERBIOS 22:3

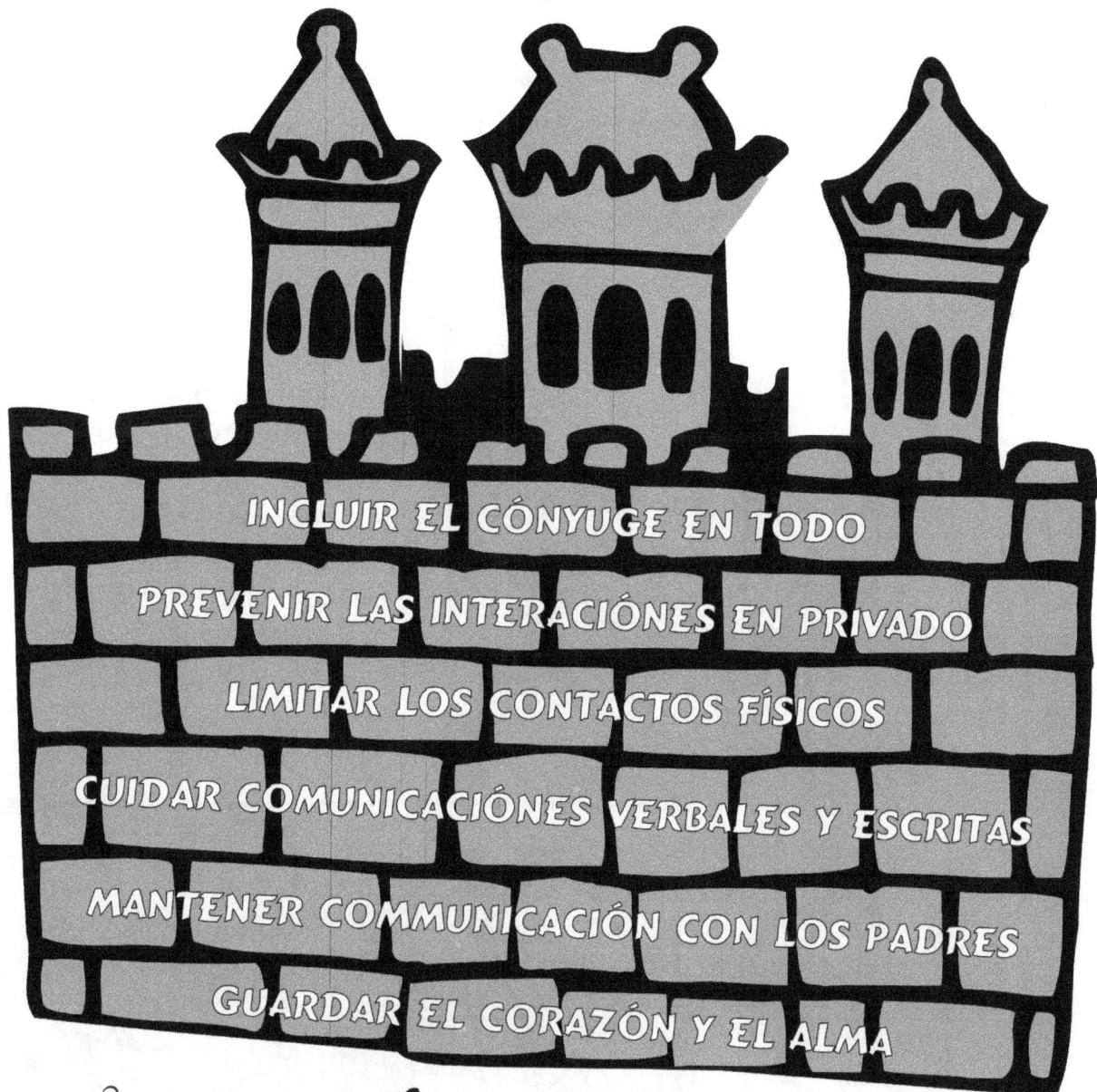

INCLUIR EL CÓNYUGE EN TODO

PREVENIR LAS INTERACIÓNES EN PRIVADO

LIMITAR LOS CONTACTOS FÍSICOS

CUIDAR COMUNICACIÓNES VERBALES Y ESCRITAS

MANTENER COMMUNICACIÓN CON LOS PADRES

GUARDAR EL CORAZÓN Y EL ALMA

ACCIONES

ACUSACIÓNES

I CORINTIOS 9:24-27
NO SEA QUE HABIENDO SIDO
HERALDO PARA OTROS,
YO MISMO VENGA
A SER ELIMINADO.

ROMANOS 13:14

ROMANOS 14:15

La Protección del Ministerio de Jóvenes
Proverbios 22:3

3 El avisado ve el mal y se esconde;
Mas los simples pasan y reciben el daño.

¿Cuál es mejor:
una ambulancia
al bajo del precipicio
para salvar la vida destruida,
o
una barandilla
al superior del precipicio
para proteger la vida de
destrucción?

**Las Barandillas
En la Vida del Joven**

Estudio Bíblico
Oración
Normas
(de los padres)
(de la iglesia)
(del gobierno)
Amistades Cristianas
Mentores Cristianos

El Ejemplo de la Juventud por Jesucristo
Lucas 2:52

☞ **"Y Jesús crecía en <u>sabiduría</u>"** - *La vida de Jesucristo estaba lleno de la aplicación correcta del temor de Dios y las enseñanzas de Dios.* (Salmos 111:10, Proverbios 9:10)

Sabiduría

Santiago 3:13-18

13 ¿Quién es sabio y entendido entre vosotros? Muestre por la buena conducta sus obras en sabia mansedumbre.

14 Pero si tenéis celos amargos y contención en vuestro corazón, no os jactéis, ni mintáis contra la verdad;

15 Porque esta sabiduría no es la que desciende de lo alto, sino terrenal, animal, diabólica.

16 Porque donde hay celos y contención, allí hay perturbación y toda obra perversa.

17 Pero la sabiduría que es de lo alto es primeramente pura, después pacífica, amable, benigna, llena de misericordia y de buenos frutos, sin incertidumbre ni hipocresía.

18 Y el fruto de justicia se siembra en paz para aquellos que hacen la paz.

Estatura

Lucas 2:52

Y Jess creca
en sabidura y en estatura,
y en gracia
para con Dios y los hombres.

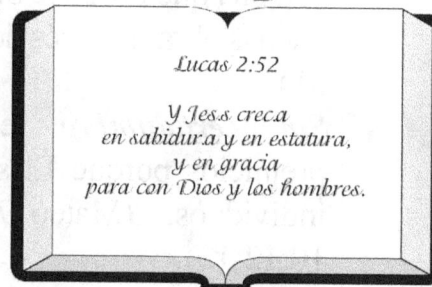

✎ **Sabiduría del <u>mundo</u>**
   Todas de estas descripciones representan una vida contra de Dios.
   ➜ **Celos amargos y Contención** - II Corintios 12:20, Filipenses 2:3
   ➜ **Terrenal, Animal, Diabólica** - I Corintios 2:14, Judas 1:17-19

✎ **Sabiduría del <u>cielo</u>**
➜ *Primeramente ...*
*"Primeramente" significa que la primera y la mejor cosa es la primera cosa en una lista. Aquí, es importante que creyentes entienden que la sabiduría de Dios es siempre y primeramente santa, pura, y separada del mundo. La pureza de la sabiduría no puede ser sacada de los otro atributos. Todo lo que es la sabiduría de Dios es abajo ésta primera prueba, la prueba de pureza.

✓ *<u>PURA</u>* - Jesucristo es nuestro ejemplo de vivir en el mundo pero no del mundo. El vivía sin mancha ni pecado. (Juan 17:13-18, Hebreos 9:14, I Pedro 1:18-19, 22:20-23)

➜ *Después ...*
✓ *<u>Pacífica</u>* - Jesucristo es nuestro ejemplo de una persona de paz, porque solamente con Su obra en la cruz podemos tener la paz con Dios. (Romanos 5:1-2, II Corintios 5:14:-21, Efesios 2:11-22)

✓ *<u>Amable</u>* - Jesucristo es nuestro ejemplo de una persona que es amable o que expresa su bondad porque Él tenía tiempo por todo el mundo, aun los niños. (Lucas 18:15-17, Efesios 2:4-9)

✓ *<u>Benigna</u>* - Jesucristo es nuestro ejemplo de una persona que va a escuchar nuestras peticiones como un rey o juez que es listo para ayudar. (Lucas 18:1-8, Hebreos 4:14-16)

✓ *Llena de <u>misericordia</u>* - Jesucristo es nuestro ejemplo de una persona misericordiosa porque era Su misericordia que proporcionó nuestra salvación. (Efesios 2:4-9, Hebreos 4:14-16)

✓ *Llena de ... buenos <u>frutos</u>* - Jesucristo es nuestro ejemplo de una persona que produce buen fruto con su vida porque Él nos mostró Sus buenas obras a través de milagros, enseñanzas, etc. (Juan 10:32, 20:30-31)

✓ *Sin <u>incertidumbre</u>* - Jesucristo es nuestro ejemplo de una persona sin prejuicios porque Él se preocupaba por los más rechazados de los individuos. (Mateo 9:10-13, Lucas 19:1-10, Romanos 2:11, 3:22, 10:12-13)

✓ *Ni <u>hipocresía</u>* - Jesucristo es nuestro ejemplo de una persona que presenta su mismo siempre según la verdad. (Juan 5:43-44, 8:12-18, 10:30, 14:6-7)

☞ **"Y Jesús crecía ... en estatura"** - *La vida de Jesucristo estaba normal, el creció en la misma forma de lo que otros jóvenes crecen.*
*Aunque muchas fotografías se presentan a Jesús como un hombre bien guapo, Isaías 53:2 nos dice, cuando hablando sobre Jesús, **"no hay parecer en él, ni hermosura; le veremos, mas sin atractivo para que le deseemos."** *Jesucristo era promedio. Pero, Dios le hizo en la forma que Él quería y suficiente para cumplir Su voluntad.*

✎ **Dios ha hecho a cada persona en la forma correcta.** - Éxodo 4:11, 10:11, Salmos 139:14-18, Jeremías 1:4-7

✎ **Dios sabe cada atributo de la vida.** - Lucas 12:7
*Debemos depender in Dios por la fuerza y habilidad para vivir para Él con todo nuestro ser.

Romanos 12:1-2

1 Así que, hermanos, os ruego por las misericordias de Dios, que presentéis vuestros cuerpos en sacrificio vivo, santo, agradable a Dios, que es vuestro culto racional.
2 No os conforméis a este siglo, sino transformaos por medio de la renovación de vuestro entendimiento, para que comprobéis cuál sea la buena voluntad de Dios, agradable y perfecta.

I Corintios 6:19-20
(II Corintios 5:15)

19 ¿O ignoráis que vuestro cuerpo es templo del Espíritu Santo, el cual está en vosotros, el cual tenéis de Dios, y que no sois vuestros?
20 Porque habéis sido comprados por precio; glorificad, pues, a Dios en vuestro cuerpo y en vuestro espíritu, los cuales son de Dios.

☞ **"Y Jesús crecía ... en gracia para con Dios"** - *La vida de Jesucristo estaba enfocada en Dios.*
*Juan 14:6

✎ **Él supo la Palabra de Dios.** - Lucas 2:46-47
➜ Salmos 119:9, 105

✎ **Él obedeció a Dios y a los otros en autoridad.** - Mateo 22:16-21, Lucas 2:51, 4:1
➜ Romanos 13:1-7 - Gobierno
➜ Hebreos 13:17 - Pastor
➜ Efesios 6:1-3 - Padres

✎ **Él rechazó la tentación con la Palabra de Dios.** - Lucas 4:1-13
→ Salmos 119:11

✎ **Él oró a Dios para sí mismo y los otros.** - Lucas 22:39-46, Juan 17:1-26
→ Efesios 6:18

✎ **Él cantó alabanzas a Dios.** - Mateo 26:30
→ Efesios 5:18-20

☞ *"Y Jesús crecía ... en gracia para con ... los hombres"* - *La vida de Jesucristo estaba enfocada en los demás.*

I Juan 1:3

3 Lo que hemos visto y oído, eso os anunciamos, para que también vosotros tengáis comunión con nosotros; y nuestra comunión verdaderamente es con el Padre, y con su Hijo Jesucristo.

✎ **Él enseñó a otros con la Palabra de Dios.** - Mateo 5-7
→ Efesios 5:19

✎ **Él sirvió a otros con Su vida y acciones.** - Juan 13:2-20, 15:12-14
→ Gálatas 5:13-14
→ Mateo 25:34-40

✎ **Él tenía comunión con otros.** - Lucas 2:13-15, Juan 11:20-36
→ Hebreos 10:24-25

✎ **Él hizo un ejemplo para nosotros.** - Filipenses 2:5-8, I Pedro 2:21-25
→ I Timoteo 4:12

Marcos 12:29-31

29 Jesús le respondió: El primer mandamiento de todos es: Oye, Israel, el Señor nuestro Dios, el Señor uno es.
30 Y amarás al Señor tu Dios con todo tu corazón, y con toda tu alma, y con toda tu mente y con todas tus fuerzas. Este es el principal mandamiento.

31 Y el segundo es semejante: Amarás a tu prójimo como a ti mismo. No hay otro mandamiento mayor que éstos.

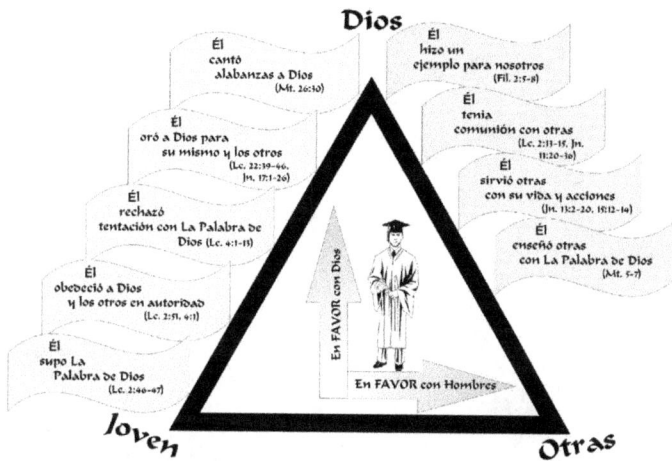

Dios

Él cantó alabanzas a Dios (Mt. 26:30)

Él hizo un ejemplo para nosotros (Fil. 2:5-8)

Él oró a Dios para su mismo y los otros (Lc. 22:39-46, Jn. 17:1-26)

Él tenía comunión con otras (Lc. 2:11-15, Jn. 11:20-16)

Él rechazó tentación con La Palabra de Dios (Lc. 4:1-13)

Él sirvió otras con su vida y acciones (Jn. 13:2-20, 15:12-14)

Él obedeció a Dios y los otros en autoridad (Lc. 2:51, 4:1)

Él enseñó otras con La Palabra de Dios (Mt. 5-7)

Él supo La Palabra de Dios (Lc. 2:46-47)

En FAVOR con Dios

En FAVOR con Hombres

Joven

Otras

Lucas 2:52

Y Jesús crecía en sabiduría y en estatura, y en gracia para con Dios y los hombres.

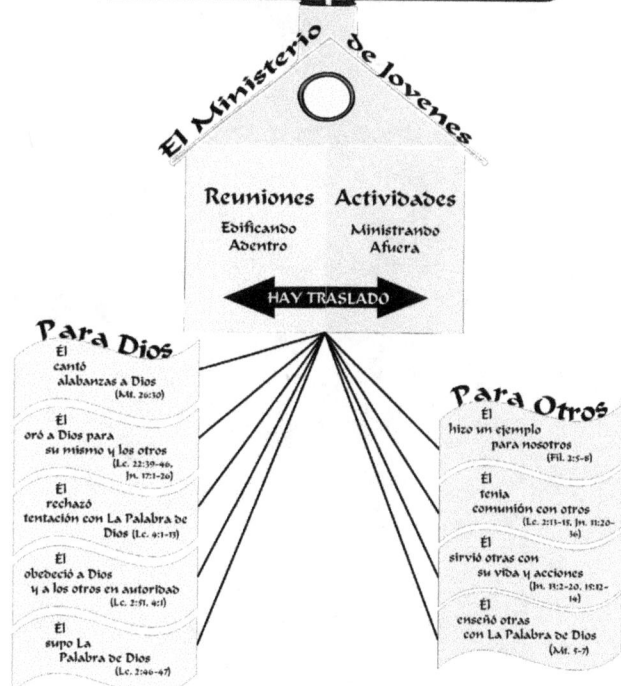

Lucas 2:52

Y Jesús crecía en sabiduría y en estatura, y en gracia para con Dios y los hombres.

El Ministerio de Jóvenes

Reuniones   **Actividades**

Edificando Adentro

Ministrando Afuera

HAY TRASLADO

Para Dios

Él cantó alabanzas a Dios (Mt. 26:30)

Él oró a Dios para su mismo y los otros (Lc. 22:39-46, Jn. 17:1-26)

Él rechazó tentación con La Palabra de Dios (Lc. 4:1-13)

Él obedeció a Dios y a los otros en autoridad (Lc. 2:51, 4:1)

Él supo La Palabra de Dios (Lc. 2:46-47)

Para Otros

Él hizo un ejemplo para nosotros (Fil. 2:5-8)

Él tenía comunión con otros (Lc. 2:11-15, Jn. 11:20-16)

Él sirvió otras con su vida y acciones (Jn. 13:2-20, 15:12-14)

Él enseñó otras con La Palabra de Dios (Mt. 5-7)

Los Consejos para Organizar el Ministerio de Jóvenes

☞ Elegir un <u>lugar</u>
- ✎ Buscar un salón que puede ser <u>designado</u> para los jóvenes
  - → Debe ser <u>amplio</u> por los estudios y por el tiempo de compañerismo
  - → Debe ser lo más <u>lejos</u> de las clases de los adultos posible (para no molestar a los adultos con el ruido)
- ✎ Hacer el salón lo más cómodo posible para que sea un <u>refugio</u> para los jóvenes
  - → Montar sillas y mesas para los tiempos de estudio bíblico
  - → Montar una pizarra, proyector, etc. para presentar los bosquejos y las ilustraciones de los estudios bíblicos
  - → Incluir las muebles, juegos (Pingpong, Futbolín), etc. si hay espacio suficiente
  - → Tener juegos de mesa, etc. disponible para que los jóvenes pueden jugar en los tiempos libres
- ✎ Decorar el salón para <u>animar</u> a los jóvenes
  *Incluir a los jóvenes en pintar y decorar el salón para que ellos se sientan que el es suyo
  - → <u>Versículos</u> bíblicos
  - → <u>Ilustraciones</u> bíblicas
  - → <u>Fotos</u> del grupo
  - → <u>Cuadros</u> de exhortación
- ✎ Guardar el salón bien <u>limpio</u>
  *Incluir a los jóvenes en la organización y limpieza de su salón.

☞ Planear las <u>reuniones</u> regulares
- ✎ Elegir el <u>tiempo</u> apropiado
  - → Considerar el calendario de la <u>iglesia</u>
  - → Considerar el horario de las <u>familias</u>
  - → Considerar el programa de la <u>escuela</u>
  - → Considerar los días <u>feriados</u> del año

✎ Elegir el <u>horario</u> correcto
- → Considerar la <u>edad</u> del grupo
- → Considerar el <u>próposito</u> de las reuniones
  - ✓ <u>Evangelizar</u>
  - ✓ <u>Edificar</u>
- → Considerar la <u>madurez</u> del grupo
  - ✓ Madurez <u>física</u>
  - ✓ Madurez <u>mental</u>
  - ✓ Madurez <u>emocional</u>
  - ✓ Madurez <u>espiritual</u>
- → Considerar los <u>eventos</u> incluidos
  - ✓ El <u>compañerismo</u> cristiano
  - ✓ La <u>instrucción</u> de la Palabra de Dios
  - ✓ Los <u>cánticos</u> espirituales
  - ✓ Las <u>peticiones</u>, acción de gracias, y oración

☞ Organizar las <u>actividades</u> especiales
- ✎ Elegir el <u>tiempo</u> apropiado
  - → Determinar la <u>frecuencia</u>
    - *Semanal, mensual, etc.
  - → Determinar los días <u>específicos</u>
    - ✓ Considerar el calendario de la iglesia
    - ✓ Considerar el horario de las familias
    - ✓ Considerar el programa de la escuela
    - ✓ Considerar los días feriados del año
- ✎ Elegir el <u>lugar</u> apropiado
  - → Considerar el <u>espacio</u> necesario
  - → Considerar la <u>distancia</u> de viajar
  - → Considerar las <u>horas</u> de operación
  - → Considerar las <u>provisiones</u> disponibles
- ✎ Elegir <u>ayudantes</u> adultos
  - → De los <u>padres</u>
  - → De los <u>miembros</u> fieles de la iglesia
- ✎ Elegir el <u>horario</u> adecuado
  - → Considerar la <u>edad</u> del grupo
  - → Considerar el <u>propósito</u> de las reuniones
    - ✓ Evangelizar
    - ✓ Edificar

- ✓ Servir
- ✓ Socializar
- ➜ Considerar la <u>madurez</u> del grupo
  - ✓ La madurez física
  - ✓ La madurez mental
  - ✓ La madurez emocional
  - ✓ La madurez espiritual
- ➜ Considerar los <u>eventos</u> incluidos
  - ✓ El compañerismo cristiano
  - ✓ La instrucción de la Palabra de Dios
  - ✓ Los cánticos espirituales
  - ✓ Las peticiones, acción de gracias, y oración
- ➜ Considerar las <u>actividades</u> especiales
  - ✓ El culto
    - ☆ La instrucción bíblica
    - ☆ La música
  - ✓ Los juegos y las competencias
  - ✓ La comida

Las Actividades de la Iglesia

Los Diferentes Eventos en las Actividades
Hechos 2:42-47

☞ Los creyentes recibieron <u>instrucción</u> bíblica en sus actividades (42a, 43)

☞ Los creyentes compartieron en el <u>compañerismo</u> cristiano en sus actividades (42b, 46a)

☞ Los creyentes desfrutaron la <u>comida</u> en sus actividades (42c, 46b)

☞ Los creyentes participaron en <u>oración</u> en sus actividades (42d)

☞ Los creyentes proporcionaron por las <u>necesidades</u> en sus actividades (44-45)

☞ Los creyentes <u>alabaron</u> a Dios en sus actividades (47a)

☞ Los creyentes propusieron oportunidades de <u>evangelizar</u> por sus actividades (47b)

**Cada actividad de la iglesia no tiene que tener cada evento.
Cada actividad de la iglesia debe cumplir su propósito
por una selección de eventos adecuados.**

*Los Cuatro
Propósitos Básicos
de las Actividades
de los Jóvenes*

**Evangelismo Cristiano
Edificación Cristiana
Servicio Cristiano
Socialización Cristiana**

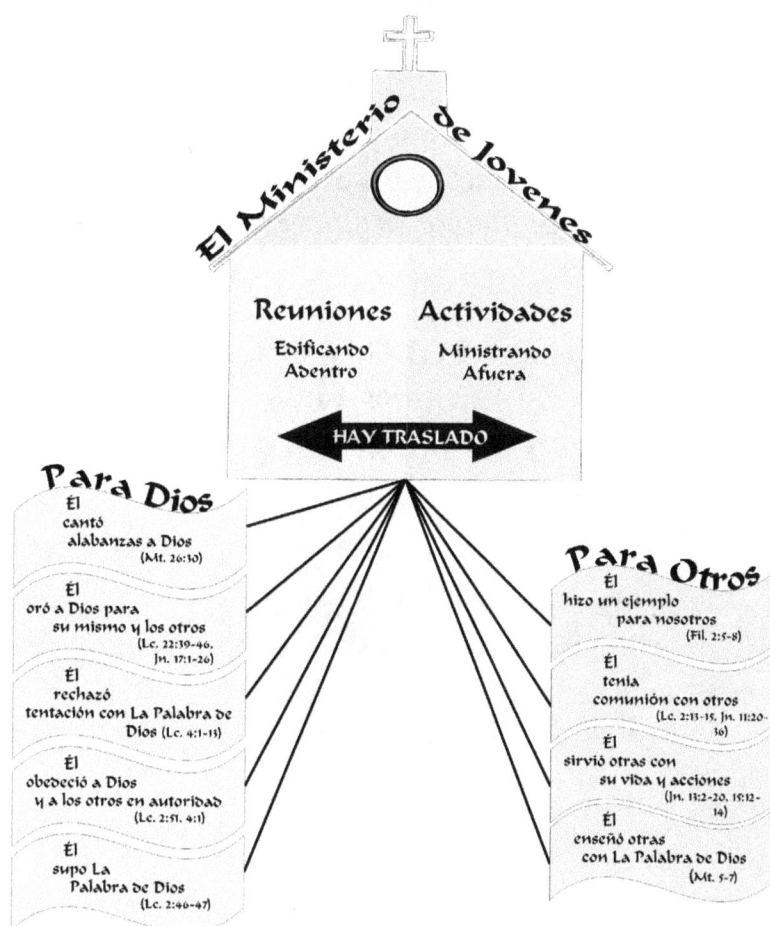

El Ministerio de Jóvenes

Reuniones   Actividades

Edificando   Ministrando
Adentro   Afuera

◄ **HAY TRASLADO** ►

Para Dios

Él
cantó
alabanzas a Dios
(Mt. 26:30)

Él
oró a Dios para
su mismo y los otros
(Lc. 22:39-46,
Jn. 17:1-26)

Él
rechazó
tentación con La Palabra de
Dios (Lc. 4:1-13)

Él
obedeció a Dios
y a los otros en autoridad
(Lc. 2:51, 4:1)

Él
supo La
Palabra de Dios
(Lc. 2:46-47)

Para Otros

Él
hizo un ejemplo
para nosotros
(Fil. 2:5-8)

Él
tenía
comunión con otros
(Lc. 2:11-15, Jn. 11:20-36)

Él
sirvió otras con
su vida y acciones
(Jn. 13:2-20, 19:12-14)

Él
enseñó otras
con La Palabra de Dios
(Mt. 5-7)

Los Principios Bíblicos
Acerca de las Actividades

Hacer TODO para la gloria a Dios
I Corintios 10:31
*31 Si, pues, coméis o bebéis, o hacéis otra cosa,
hacedlo todo para la gloria de Dios.*

Hacer TODO sin ofensa ninguna
I Corintios 10:32-33
*32 No seáis tropiezo ni a judíos, ni a gentiles,
ni a la iglesia de Dios;*

Hacer TODO en el tiempo y una manera apropiada
Eclesiastés 3:1-8
1 Todo tiene su tiempo, y todo lo que se quiere debajo del cielo tiene su hora.

Hacer TODO en orden
I Corintios 14:38
38 Mas el que ignora, ignore.

Las Actividades de los Jóvenes

Una Bendición o Maldición
del Ministerio de Jóvenes

☞ 4 propósitos por las actividades
  *¿Cuál es el propósito de la actividad?
  ✎ <u>Evangelizar</u>
  ✎ <u>Edificar</u>
  ✎ <u>Servir</u>
  ✎ <u>Socializar</u>

☞ 6 razones que las actividades son importantes
  ✎ <u>Satisfacer</u> las necesidades normales de la juventud
  ✎ <u>Construir</u> el carácter en los jóvenes
  ✎ <u>Desarrollar</u> las personalidades de los jóvenes
  ✎ <u>Aliviar</u> las tensiones en la vida de los jóvenes
  ✎ <u>Proveer</u> un sentamiento de pertenencia para los jóvenes
  ✎ <u>Producir</u> relaciones cristianas para los jóvenes
    → Las relaciones con los adultos maduros
    → Las relaciones con los otros jóvenes

☞ 4 preguntas para proteger las actividades
  ✎ ¿Traerá esta actividad <u>daños</u> al testimonio y la enseñanza que estoy tratando de presentar?
    → El testimonio del liderazgo
    → El testimonio de los jóvenes
  ✎ ¿Producirá esta actividad <u>clics</u> (grupos exclusivos)?
  ✎ ¿Cuál tipo de <u>pensamiento</u> producirá esta actividad?
    → Con los <u>jóvenes</u>
    → Con los otros <u>creyentes</u>
    → Con los <u>incrédulos</u>
  ✎ ¿Cumplirá esta actividad mis <u>metas</u>?
    → La meta de la <u>actividad</u> en particular
    → La meta del <u>ministerio</u> en general

☞ 3 tipos básicos de las actividades
    *El tipo de actividad elegida debe ser basado en el grupo participando
      **Su edad
      **Su madurez
      **Su interés
    ✎ Actividades <u>espirituales</u> - actividades que se enfocan en el conocimiento espiritual o ministerio de servicio
    ✎ Actividades de <u>deportes</u> - actividades que se enfocan en la coordinación o esfuerza física
    ✎ Actividades <u>sociales</u> - actividades que se enfocan en las actividades de grupos o la comunicación

☞ 9 conserjerías en cuanto a las actividades
    ✎ Usar suficientes <u>ayudantes</u>
      *Animar a los ayudantes a interactuar con los jóvenes
    ✎ Ser <u>organizado</u> (desde el principio al fin)
    ✎ <u>Comunicar</u> claramente los detalles y las instrucciones
    ✎ Hacer las <u>normas</u> claras y cortas
    ✎ <u>Controlar</u> las organización de los asientos
    ✎ <u>Vigilar</u> por los peligros físicos y espirituales
    ✎ <u>Guardar</u> a los jóvenes en la presencia de los ayudantes
    ✎ Usar un <u>pito</u> o megáfono (por los grupos largos)
    ✎ <u>Orar</u> sin cesar

☞ La Organización de la actividad
    ✎ Eligir <u>tiempo</u>
      ➜ Coordinar con las actividades de la iglesia
      ➜ Coordinar con las actividades de las familias
      ➜ Coordinar con las actividades de la escuela
    ✎ Determinar los <u>detalles</u>
      *DOCUMENTAR CADA DETALLE para que tenga una guía al éxito
      ➜ Cuanto tiempo dura
      ➜ Cuantas personas están incluidas
        ✓ Los adultos ayudantes
        ✓ Los jóvenes participantes
      ➜ Cuál ropa es apropiada
      ➜ Cuáles son las comidas y bebidas ofrecidas
      ➜ Cual forma de transportación es necesaria

➜ Quien es el predicador

➜ Donde están los recursos médicos en caso de emergencia

✎ <u>Publicar</u> la actividad

   ➜ Anunciarla públicamente en suficiente tiempo

   ➜ Anunciarla con ánimo

   ➜ Anunciarla con los detalles escritos para compartir con los jóvenes

      ✓ El tiempo

      ✓ El lugar

      ✓ Las expectativas de los participantes

✎ <u>Realizar</u> la actividad

   *Aquí está un ejemplo del orario

   *Siempre tener el horario por escrito pero sé flexible por los cambios

   ➜ Tener horario (7:00-7:05)

   ➜ Comunicar el bienvenido, el horario y las normas (7:05-7:10)

   ➜ Disfrutar los juegos (7:10-7:30)

   ➜ Comer las meriendas (7:30-7:50)

   ➜ Cantar los coros (7:50-8:00)

   ➜ Presentar el estudio bíblico (8:00-8:30)

   ➜ Terminar con los anuncios finales y una invitación a volver (8:30)

   ➜ Limpiar y preparar por el próximo culto (8:30-9:00)

✎ <u>Repasar</u> la actividad

   ➜ Determinar si la meta estaba realizada

   ➜ Considerar las quejas o áreas débiles

   ➜ Comunicar con los visitas

*Adoptado del bosquejo presentado en "Foundations of Youth"
por Mr Cushman, Northland Baptist Bible College, 1995.

Preparación por las Actividades

Nombre:

_____

Propósito:

❑ Evangelizar   ❑ Edificar
❑ Servir   ❑ Socializar

Localidad: _____   Tiempo: Empieza _____
                                                          Termina _____

Transportación: _____
Predicador: _____
Líderes/Ayudantes: _____

_____   _____

Comida: _____
Bebida: _____

Asistencia Esperada _____   Costo (por persona) $_____   Costo (total) $_____

La Actividad

Nombres de los quipos: (a)_____   (b)_____
Capitanes de los quipos: (a)_____   (b)_____

Introducción: _____
  Cosas necesarias: _____

_____

Actividad (1): _____
  Cosas necesarias: _____

_____

Actividad (2): _____
  Cosas necesarias: _____

_____

Actividad (3): _____
  Cosas necesarias: _____

_____

El Culto

Cánticos: _____ _____ _____
Predicador: _____ Temática/Pasaje: _____
Una invitación si haya consejeros desponible

40

El Discipulado
de la Próxima Generación
Mateo 28:18-20

En la juventud, la vida cambia en todas las partes. Por lo tanto, es común que un niño, en las transiciones al adulto, responde en confusión, frustración y desanimo. Dios no quiere que ninguno de Sus hijos sufran por la instabilidad de la vida, sino que ellos estén seguros en Su amor y plan por su vida (Jeremías 1:4-10, Romanos 8:31-39, Filipenses 1:6). Debe ser la meta de los líderes espirituales adultos a ayudar a cada joven a madurarse bíblicamente a través de las transiciones que se experimentan (Romanos 5:1-5).

Un líder Cristiano de los jóvenes
busca discipular a cada joven a madurarse
para que pueda reconocer, entender, y resolver
las circunstancias de su vida
según la Palabra de Dios.

**En el ministerio de los jóvenes
hay aproximadamente _7_ años
para ayudar a los jóvenes prepararse
a vivir para Dios por el próximo _50_ años de su vida.**
*(Jesús tenía solamente 3 años
para discipular a los líderes de la iglesia
con the la Palabra de Dios)*

La MISIÓN de DISCIPULAR en el ministerio de jóvenes

Ganar una entrada en la vida del joven
para dirigir su alma un paso más cerca a Cristo
(Jesús usaba las circunstancias diarias
para representar a Dios delante de Sus discípulos
en Sus palabras y acciones – Juan 17:6-10)

El MÉTODO de DISCIPULAR en el ministerio de jóvenes

Vida tocando Vida
con la Palabra compartida
(Jesús no vivió aparte,
sino en medio de Sus discípulos - Juan 17:12a)

La META de DISCIPULAR en el ministerio de jóvenes

Producir seguidores de Cristo
en todas las áreas de la vida y el ministerio
(Jesús siempre representaba a Dios y Su Palabra
para que Sus discípulos pudieran vivir rectos
aun en Su ausencia - Juan 17:12b-18)

Jesús no tenía un grupo muy fácil
Sus discípulos eran de circunstancias diversas.
Sus discípulos no Lo entendieron,
y Lo dudaron muchas veces.
Sus discípulos fallaron en las dificultades.
Uno de Sus discípulos Le entregó.
PERO
EN EL FIN,
POR LA INVERSIÓN DE SU VIDA ...
Sus discípulos trasformaron la mundo entero
con el Evangelio.

El discipulador tiene que ser un ejemplo piadoso (I Pedro 5:1-4)
El discipulador tiene que hacer discípulos piadosos (II Timoteo 2:1-2)

Principios Básicos
para Ministrar al Joven

Guardar Su Madurez
II Timoteo 2:19-26

22 Huye también de las pasiones juveniles,
y sigue la justicia, la fe, el amor y la paz,
con los que de corazón limpio invocan al Señor.

Guardar
La justicia
La fe
El amor
La paz
El corazón

Rechazar
La necedad
La insensata

II Timoteo 2:24-26
24 Porque el siervo del Señor no debe ser contencioso,
sino amable para con todos, apto para enseñar, sufrido;
25 que con mansedumbre corrija a los que se oponen,
por si quizá Dios les conceda que se arrepientan
para conocer la verdad,
26 y escapen del lazo del diablo,
en que están cautivos a voluntad de él.

Guardar Su Testimonio
I Timoteo 4:12-16

12 *Ninguno tenga en poco tu juventud,*
sino sé ejemplo de los creyentes en palabra, conducta, amor,
espíritu, fe y pureza.
13 *Entre tanto que voy, ocúpate en la lectura, la exhortación y la enseñanza.*

El Ejemplo
En palabra
En conducta
En amor
En espíritu
En fe
En pureza

El Ministerio
La lectura
La exhortación
La enseñanza

I Timoteo 4:14-16
14 No descuides el don que hay en ti, ...
15 Ocúpate en estas cosas; permanece en ellas,
para que tu aprovechamiento sea manifiesto a todos.
16 Ten cuidado de ti mismo y de la doctrina;
persiste en ello, pues haciendo esto,
te salvarás a ti mismo y a los que te oyeren.

Nunca dejar tú posición dada por Dios
por la identificación con los hombres.
I Reyes 12:1-15

Guardar Su Propósito
Mateo 5:13-16

13 *Vosotros sois la <u>sal</u> de la tierra;*
pero si la sal se desvaneciere,
¿con qué será salada?
No sirve más para nada,
sino para ser echada fuera
y hollada por los hombres.

14 *Vosotros sois la <u>luz</u> del mundo;*
una ciudad asentada sobre un monte no se puede esconder.
15 *Ni se enciende una luz y se pone debajo de un almud,*
sino sobre el candelero,
y alumbra a todos los que están en casa.
16 *Así alumbre vuestra luz delante de los hombres,*
para que vean vuestras buenas obras,
y glorifiquen a vuestro Padre que está en los cielos.

¡Mejorar la vida de los Jóvenes por estar con ellos, no como ellos!

Por el <u>título</u> respetuoso
Por el <u>vestimenta</u> respetuosa
Por el <u>hablar</u> respetuoso
Por el <u>jugar</u> respetuoso

Identificarse con el Joven
I Corintios 9:19-23

19 Por lo cual, siendo libre de todos,
me he hecho siervo de todos para ganar a mayor número.
20 Me he hecho a los judíos como judío, para ganar a los judíos;
a los que están sujetos a la ley (aunque yo no esté sujeto a la ley)
como sujeto a la ley,
para ganar a los que están sujetos a la ley;
21 a los que están sin ley, como si yo estuviera sin ley
(no estando yo sin ley de Dios, sino bajo la ley de Cristo),
para ganar a los que están sin ley.
22 Me he hecho débil a los débiles, para ganar a los débiles;
a todos me he hecho de todo, para que de todos modos salve a algunos.
23 Y esto hago por causa del evangelio,
para hacerme copartícipe de él.

Proverbios 20:5
5 Como aguas profundas es el consejo en el corazón del hombre;
Mas el hombre entendido lo alcanzará.

¿Cómo es la Juventud?

☞ Su condición <u>natural</u>
- ✎ El joven tiende de ser orientado en los <u>sentimientos</u>
  - ➜ Él es buscador de <u>emociones</u>
  - ➜ Él es sin <u>compromisos</u>
  - ➜ Él es sin <u>paciencia</u>
- ✎ El joven tiende de tener poco <u>dominio</u> propio
  - ➜ <u>Comportamiento</u>
  - ➜ <u>Físicamente</u>
  - ➜ <u>Mentalmente</u>
  - ➜ <u>Espiritualmente</u>
- ✎ El joven tiende de ser <u>mimado</u>
  - ➜ Él ya ha <u>experimentado</u> todo
  - ➜ Él acepta todo <u>como</u> es porque todo está proveído
    *No tiene interés en trabajar para méjorarse
  - ➜ Él tiene mucha <u>información</u> bíblica
    *Tiene poca aplicación espiritual
  - ➜ Él piensa que la <u>actividad</u> es igual a la espiritualidad
    *Piensa que su presencia en la iglesia es igual a ser espiritual
  - ➜ Él está aceptado si es <u>bueno</u> en vez de si él es piadoso

☞ La condición <u>esperada</u>
- ✎ La meta - Mateo 28:18-20
  *Hacer un discípulo
  - ➜ <u>Evangelizar</u>
  - ➜ <u>Edificar</u>
  - ➜ <u>Enviar</u>
- ✎ El obstáculo - Efesios 2:1-3
  - ➜ La <u>carne</u> - Gálatas 5:16-26
    *Su condición presente
  - ➜ El <u>mundo</u> - I Juan 2-17
    *La cultura alrededor

➜ El <u>Diablo</u> - I Pedro 5:8-9
  *El enemigo constante

✎ El método - II Timoteo 3:14-17, Salmos 119:9-16
  ➜ <u>Predicar</u> el Evangelio por las Escrituras
  ➜ <u>Proveer</u> ejemplos piadosos y exhortación bíblica para confirmar las Escrituras
  ➜ <u>Permitir</u> las Escrituras hacer Su obra entera
    ✓ Enseñar
    ✓ Redargüir
    ✓ Corregir
    ✓ Instruir

☞ Las acciones <u>apropiadas</u>
  ✎ <u>7-8</u> grados
    ➜ Su madurez - son años de <u>descubrimiento</u>
    ➜ Su reacción - responde a lo que se <u>requiere</u>
    ➜ Sus necesidades
      ✓ <u>Amor</u>
      ✓ <u>Aceptación</u>
      ✓ <u>Limitaciones</u>
      ✓ <u>Corrección</u>
    ➜ El concepto clave - <u>CONFINAR</u>
  ✎ <u>9-10</u> grados
    ➜ Su madures - son años de <u>decisión</u>
    ➜ Su reacciona - responde al <u>consejo</u>
    ➜ Sus necesidades
      ✓ <u>Amor</u>
      ✓ <u>Aceptación</u>
      ✓ <u>Animación</u>
      ✓ <u>Ejemplos</u>
    ➜ El concepto clave - <u>CONSEJAR</u>

✎ <u>11-12</u> grados
- ➜ Su madurez - son años de <u>dedicación</u> y <u>deferencia</u>
- ➜ Su reacción - responde al <u>desafío</u>
- ➜ Sus necesidades
  - ✓ <u>Amor</u>
  - ✓ <u>Aceptación</u>
  - ✓ <u>Oportunidad</u>
  - ✓ <u>Instrucción</u> intensa
- ➜ El concepto clave - <u>CULTIVAR</u>

*Adaptado del bosquejo presentado en el clase de "Youth Pastor,"
de Mr. Cushman, en Northland Baptist Bible College, 1995

Las Etapas de la Vida

Efesios 6:1-2

*1 Hijos, obedeced en el Señor a vuestros padres,
porque esto es justo.
2 Honra a tu padre y a tu madre,
que es el primer mandamiento con promesa;*

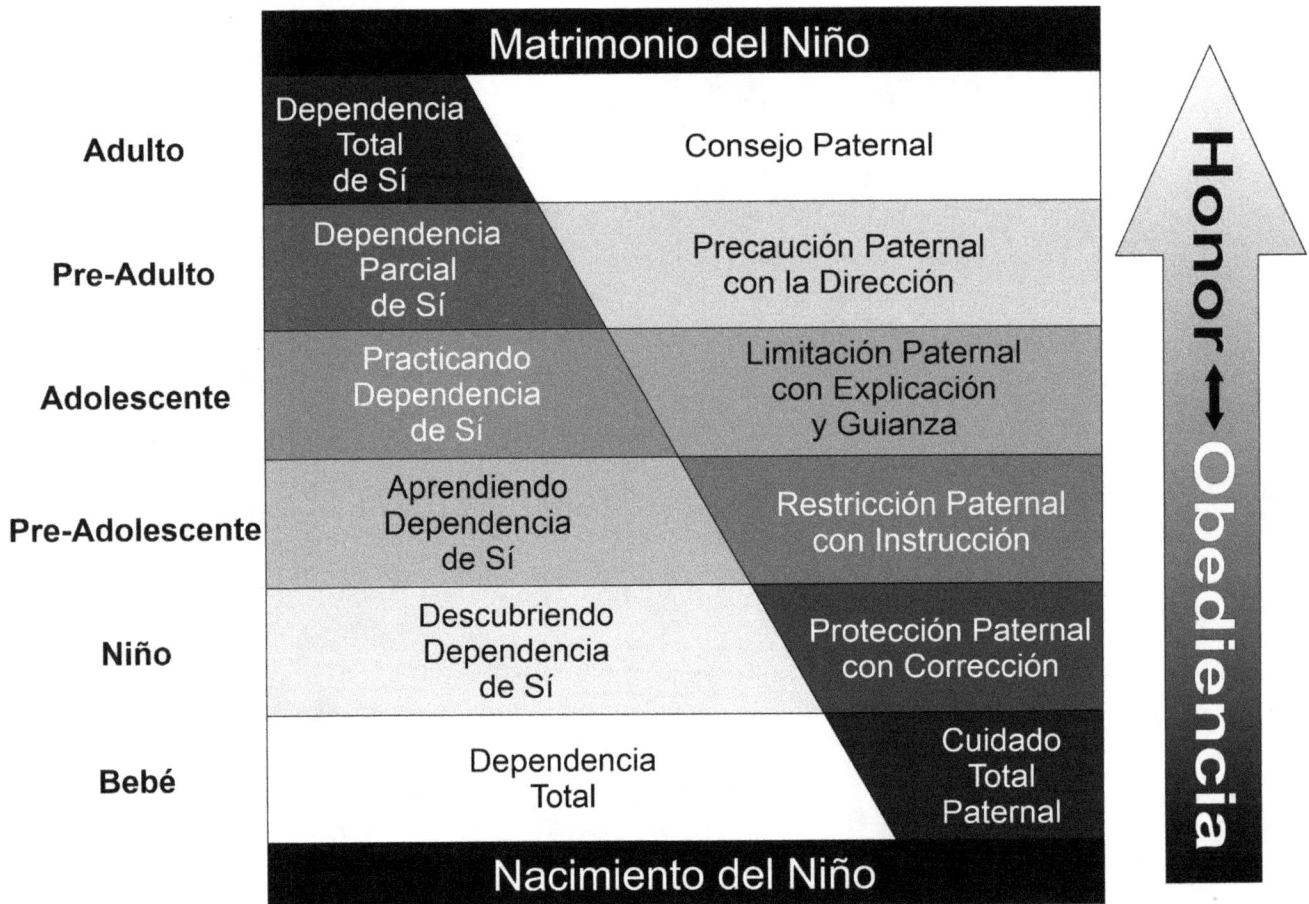

	Matrimonio del Niño	
Adulto	Dependencia Total de Sí	Consejo Paternal
Pre-Adulto	Dependencia Parcial de Sí	Precaución Paternal con la Dirección
Adolescente	Practicando Dependencia de Sí	Limitación Paternal con Explicación y Guianza
Pre-Adolescente	Aprendiendo Dependencia de Sí	Restricción Paternal con Instrucción
Niño	Descubriendo Dependencia de Sí	Protección Paternal con Corrección
Bebé	Dependencia Total	Cuidado Total Paternal
	Nacimiento del Niño	

Honor ← Obediencia

Colosenses 3:20

*20 Hijos, obedeced a vuestros padres en todo,
porque esto agrada al Señor.*

Las Cargas de la Juventud por los Cambios Diarios

Cambio de Cuerpo
Cambio de Hormonas
Cambio de Libertades
Cambio de Intereses
Cambio de Responsabilidades
Cambio de Amistades
Cambio de Presión de los Grupo
Cambio de Atracción de Otro Sexo
Cambio de Educación
Cambio de Organización Familiar
Cambio de Futuro
Cambio de Entendimiento Global

¿Cuáles son Algunas otras Especificas Cargas de la Juventud

- ♦ _____
- ♦ _____
- ♦ _____
- ♦ _____
- ♦ _____
- ♦ _____
- ♦ _____
- ♦ _____
- ♦ _____
- ♦ _____
- ♦ _____
- ♦ _____

- ♦ _____
- ♦ _____
- ♦ _____
- ♦ _____
- ♦ _____
- ♦ _____
- ♦ _____
- ♦ _____
- ♦ _____
- ♦ _____
- ♦ _____

El Balance de la Juventud

El Temor Humano	*La Confianza Super-natural*
Debilidad	Poder
Egoísmo	Amor
Confusión	Dominio Propio

II Timoteo 1:7

Porque no nos ha dado Dios espíritu de cobardía, sino de poder, de amor y de dominio propio.

Romanos 5:1-5

Seguridad en el Amor Eternal de Dios Padre

Romanos 8:35-39
I Juan 4:14-19

Seguridad en el Amor Bíblico de los Creyentes

Romanos 13:8-10
I Corintios 13:4-8

La Instabilidad de la Vida

Las Reacciones Carnales
a la Inseguridad de la Vida
en la Juventud

Los Cambios en la Vida	Auto Dependencia (Excesiva Compensación)	Auto Degradación (Bajo Rendimiento)
Físico	Intimidación	Timidez
Hormonal	Agresión	Inestabilidad
Mental	Argumentación	Apatía
Relación	Controlador	Pasivo
Familiar	Rebelión	Co-dependiente
Libertades	Demandar	Temeroso

Tres Evidencias de la Madurez Espiritual

I Juan 2:12-14

*12 Os escribo a vosotros, hijitos,
porque vuestros pecados os han sido perdonados por su nombre.
13 Os escribo a vosotros, padres,
porque conocéis al que es desde el principio.
Os escribo a vosotros, jóvenes,
porque habéis vencido al maligno.
Os escribo a vosotros, hijitos,
porque habéis conocido al Padre.
14 Os he escrito a vosotros, padres,
porque habéis conocido al que es desde el principio.
Os he escrito a vosotros, jóvenes,
porque sois fuertes, y la palabra de Dios permanece en vosotros,
y habéis vencido al maligno.*

Niño
<u>Simplicidad</u> Espiritual
*Perdonado de su pecado
y empezando el conocimiento de Dios Padre*

Joven
<u>Actividad</u> Espiritual
*Ganando victorias espirituales a través de fuerza espiritualmente
por la palabra de Dios*

Padre
<u>Experiencia</u> Espiritual
*Conocimiento de Dios Padre
a través de conocer y experimentar Su grandeza*

Tres Eminencias de la Madurez

I Corintios 13:11
11 Cuando yo era niño,
hablaba como niño,
pensaba como niño,
juzgaba como niño;
mas cuando ya fui hombre,
dejé lo que era de niño.

Palabras Maduras
El <u>habla</u> infantil se debe cambiar
a una conversación adulta
Efesios 4:6, 27, Colosenses 3:8-9

Entendimientos Maduros
El <u>aprendizaje</u> del interés infantil se debe cambiar
a un conocimiento y una sabiduría adulto
II Timoteo 2:22-23

Pensamientos Madures
El <u>pensamiento</u> y la evaluación infantil se debe cambiar
a una concentración adulta
Filipenses 4:8, I Pedro 1:13-16

El Camino a la Madurez

Proverbios 3:1-4
1 Hijo mío, no te olvides de mi ley,
Y tu corazón guarde mis mandamientos;
2 Porque largura de días y años de vida
Y paz te aumentarán.
3 Nunca se aparten de ti la misericordia y la verdad;
Atalas a tu cuello, Escríbelas en la tabla de tu corazón;
4 Y hallarás gracia y buena opinión
Ante los ojos de Dios y de los hombres.

Samuel **I Samuel 2:26** *26 Y el joven Samuel iba creciendo,* *y era acepto delante de Dios* *y delante de los hombres.*		
Adulto (30+/- años)	I Samuel 7:1-3	Representa y proclama la Palabra de Dios
Adolescente	I Samuel 3:19-21	Recibe la presencia de Dios y Guarda Su Palabra
Niño (4-? años)	I Samuel 2:18-19, 26, 3:1-10	Sirviendo a Dios y obediente a la autoridad
Bebé (0-3 años)	I Samuel 1:20-28	Dedicado a Dios por sus padres

Jesucristo Lucas 2:52 *52 Y Jesús crecía en sabiduría y en estatura, y en gracia para con Dios y los hombres.*		
Adulto (30-33 años)	Lucas 3:21-23, 4:1-15	Obediente a Dios Padre, dirigido por el Espíritu, rechazando las tentaciones de Satanás, enseñando públicamente la Palabra de Dios
Adolescente (12-29 años)	Lucas 2:41-52	Trabaja en la obra de Dios a través de proclamar Su Palabra mientras sujetarse a la autoridad parental
Niño (3-12 años)	Mateo 2:1-23 Lucas 2:40	Fuerte en espíritu, sabio, y recibiendo la gracia de Dios
Bebe (8 días)	Lucas 2:22-39	Dedicado a Dios por sus padres

La Vida Fructífera
II Pedro 2:2-10

2 *Gracia y paz os sean multiplicadas,*
en el conocimiento de Dios y de nuestro Señor Jesús.
3 *Como todas las cosas que pertenecen a la vida y a la piedad*
nos han sido dadas por su divino poder,
mediante el conocimiento de aquel que nos llamó por su gloria y excelencia,
4 *por medio de las cuales nos ha dado preciosas y grandísimas promesas,*
para que por ellas llegaseis a ser participantes de la naturaleza divina,
habiendo huido de la corrupción que hay en el mundo
a causa de la concupiscencia;
5 *vosotros también, poniendo toda diligencia por esto mismo,*
añadid a vuestra fe virtud; a la virtud, conocimiento;
6 *al conocimiento, dominio propio;*
al dominio propio, paciencia; a la paciencia, piedad;
7 *a la piedad, afecto fraternal; y al afecto fraternal, amor.*

Fe
Amor
Virtud
Afecto Fraterna
Conocimiento
Dominio Propio
Piedad
Paciencia

8 Porque si estas cosas están en vosotros,
y abundan,
no os dejarán estar ociosos ni sin fruto
en cuanto al conocimiento
de nuestro Señor Jesucristo.

Reconocer las Diferencias Entre el Hombre y la Mujer
Génesis 1-3

Génesis 1:26-31
La creación unida
con igual valor y el propósito unificado.
Valor - A la imagen de Dios
(Espiritual - I Pedro 3:7)
Propósito - Reproducción y Dominio Mundial
(Físico - I Corintios 11:11-12)

Génesis 2:7-25
La creación separada con los deberes particulares.
(I Timoteo 2:12-14)

Hombre	**Mujer**
Líder (7, 16-17, 23-24)	Compañera (18)
Trabajador (15)	Ayudante (18, 20)
Hacedor de las Decisiones (19-20, 23)	Dependiente (23)
Nota - Adán descansó antes de conocer a Eva (21)	*Nota - Adán nombró a la mujer basado en su nombre "varón" y después lo cambio a Eva (23, 3:20)*

Lo que Dios estableció con la creación perfecta,
la carne, el mundo, y el Diablo tratarán
en distorsionar y hacer lo opuesto.

Génesis 3:1-6
El comienzo del pecado
provocado en diferentes maneras.
(I Timoteo 2:14)

Hombre	**Mujer**
Seleccionado (6)	Engañada (1-6)

Génesis 3:7–8
El resultado del pecado es
la vergüenza y ambos se cubrieron.

Génesis 3:9
El llamado de Dios al hombre
para enfrentar la situación.

Génesis 3:9-13
La confrontación del pecado
suministra el conocimiento de Dios
y la carne del hombre y la mujer.

Hombre	**Mujer**
Primero - Responsabilidad Primaria (9, 12)	Segundo - Responsabilidad Secundaría(13)
Le echa la culpa (12)	Le echa la culpa (13)

Génesis 3:16-25
El castigo distinto a ambos revela
los deberes y las responsabilidades especiales.

Hombre	**Mujer**
Líder (17a)	Sujeción (16b)
Trabajador (17b-19a)	Madre (16a)

Un Entendimiento Práctico
Sobre el Hombre y la Mujer
Basado de Adán y Eva

Cuando consideremos cómo y por qué creó Dios al hombre y la mujer en Génesis 2:7-25, podemos comprender por qué somos tan diferentes y por qué pensamos, sentimos, y actuamos de manera muy diferente en diversas situaciones.

Hombre	**Mujer**
Líder **(7, 16-17, 23-24)**	**Compañera** **(18)**
1. Busca el respeto	1. Busca el amor
2. Interés en hacer	2. Interés en ser
3. Orientado a la competencia	3. Orientada en la persona
4. Orientado a las metas	4. Orientada en las cosas sociales
5. Las decisiones basadas en el conocimiento	5. Las decisiones basadas en la emoción
6. Estimulado por la vista	6. Estimulada por el tacto
Trabajador **(15)**	**Ayudante** **(18, 20)**
7. Orientado a la profesión	7. Orientada en las relaciones
8. Encuentra satisfacción en el trabajo	8. Encuentra satisfacción en la casa e hijos
9. Basado en la lógica	9. Basada en la intuición
10. Conciente de las responsabilidades	10. Conciente en la presencia
11. Todo el cuadro	11. Pone atención a los detalles
12. Triunfador (negocio)	12. Cuidadora (casa)

13. Violencia física
14. Se concentra en una sola cosa a la vez
15. Enfocado en lo externo
16. Invierte en cosas
17. Enfocado más en lo terrenal

13. Violencia verbal
14. Se concentra en muchas cosas a la vez
15. Enfocada en lo interno
16. Invierte en las personas
17. Enfocada más en lo espiritual

Hacedor de las Decisiones
(19-20, 23)

18. Suficiente tiempo para considerar las opciones
19. Habla de la mente
20. Seguridad en sí mismo

21. Corre riesgos
22. Insensibilidad

Dependiente
(23)

18. Suficiente tiempo para ser escuchado y entendido
19. Habla del corazón
20. Necesita palabras tranquilizadoras
21. Desea seguridad
22. Vulnerable y sensibilidad

Ministrando a la Necesidad
I Tesalonicenses 5:14

**14 También os rogamos, hermanos,
que amonestéis a los ociosos,
que alentéis a los de poco ánimo,
que sostengáis a los débiles,
que seáis pacientes para con todos.**

☞ *Que amonestéis a los ociosos*
- ✎ Amonestar - (3560) "poner en la mente ... advertir o regañar gentilmente"
- ✎ Ociosos - (813) "no arreglado ... insubordinado"

☞ *Que alentéis a los de poco ánimo*
- ✎ Alentar - (3888) "relacionarse cerca ... animar consolar"
- ✎ Poco ánimo (3642) "de poco espíritu ... cobarde"

☞ *Que sostengáis a los débiles*
- ✎ Sostener - (472) "adherirse a ... interesarse por"
- ✎ Débiles - (772) "sin fuerza"

☞ *Que seáis pacientes para con todos*
- ✎ Paciencia - (3114) "tener espíritu largo ... que aguanta"
- ✎ Todos - (3956) "cualquiera, cada uno"

**Decernir dónde está la persona
Reconocer dónde la persona debe estar
Saber como llevar la persona al la meta**

**Entender cuáles son
las necesidades espirituales reveladas
por las actitudes, las acciones,
y los hechos actuales.**

El Ministerio que Se Enfoque en el Corazón

Proverbios 23:26
26 Dame, hijo mío, tu corazón,
Y miren tus ojos por mis caminos.

♥ El corazón es lo que <u>dirige</u> la vida (Mateo 15:8-11, 15-17, 20, Lucas 6:43-46)
  *Mateo 12:34-35
  ✎ El corazón <u>malo</u> produce las obras contra de Dios
  ✎ El corazón <u>bueno</u> produce las obras para Dios

♥ El corazón es <u>naturalmente</u> malo (Mateo 15:18-20)
  *Jeremías 17:9
  ✎ El corazón produce los malos <u>pensamientos</u>
  ✎ El corazón produce los <u>homicidios</u>
  ✎ El corazón produce los <u>adulterios</u>
  ✎ El corazón produce las <u>fornicaciones</u>
  ✎ El corazón produce los <u>hurtos</u>
  ✎ El corazón produce los testimonios <u>falsos</u>
  ✎ El corazón produce las <u>blasfemias</u>

♥ El corazón puede <u>responder</u> a la Palabra de Dios en cuatro maneras (Mateo 13:1-9, 18-23)
  ✎ El corazón junto al <u>camino</u> - Es duro y no recibe la Palabra de Dios
  ✎ El corazón de <u>pedregales</u> - Es disponible de recibir la Palabra de Dios pero no la permite a penetrar a la profundidad de la vida
  ✎ El corazón de <u>espinos</u> - Es distraído por las cosas de esta vida
  ✎ El corazón de <u>buena</u> tierra - Es listo de recibir la Palabra de Dios y permitirla hacer su obra para producir mucho fruto
  *Romanos 10:9-10

♥ El corazón puede ser <u>cambiado</u> por Dios (II Corintios 4:6)
  ✎ Dios quiere <u>alumbrar</u> el corazón
  ✎ Dios quiere ofrecer el <u>conocimiento</u> de la gloria de Dios a través de Jesucristo

♥ El corazón puede ser <u>tocado</u> por la Palabra de Dios (Hebreos 4:12)

♥ El corazón puede ser <u>establecido</u> por Dios

   ✎ El creyente tiene el <u>Espíritu Santo</u> en su corazón para llamar a Dios "Abba, Padre" (II Corintios 1:21-22, Gálatas 4:6)

   ✎ El creyente puede tener <u>paz</u> en su corazón por orar a Dios (Filipenses 4:6-7)

   ✎ El creyente puede tener <u>cánticos</u> en su boca porque tiene la gracia de Dios en su corazón (Colosenses 3:16)

   ✎ El creyente puede tener un corazón bien <u>afirmado</u> delante de Dios (I Tesalonicenses 3:11-13, I Juan 3:18-22)

Proverbs 4:23
Sobre toda cosa guardada, guarda tu corazón;
Porque de él mana la vida.

Jeremias 17:9
Engañoso es el corazón más que todas las cosas,
y perverso;
¿quién lo conocerá?

Jeremias 17:10
Yo Jehová, que escudriño la mente,
que pruebo el corazón,
para dar a cada uno según su camino,
según el fruto de sus obras.

Salmos 119:9
¿Con qué limpiará el joven su camino?
Con guardar tu palabra.

Salmos 139:23-24
Examíname, oh Dios, y conoce mi corazón;
Pruébame y conoce mis pensamientos;
Y ve si hay en mí camino de perversidad,
Y guíame en el camino eterno.

Romanos 10:10
Porque con el corazón se cree para justicia,
pero con la boca se confiesa para salvación.

Lucas 6:45
El hombre bueno,
del buen tesoro de su corazón saca lo bueno;
y el hombre malo,
del mal tesoro de su corazón saca lo malo;
porque de la abundancia del corazón habla la boca.

Salmos 119:11
En mi corazón he guardado tus dichos,
Para no pecar contra ti.

La Centralidad de la Proclamación de la Palabra
Romanos 10:17-18

17 Así que la fe es por el oír,
y el oír, por la palabra de Dios.
18 Pero digo: ¿No han oído?
Antes bien, Por toda la tierra ha salido la voz de ellos,
Y hasta los fines de la tierra sus palabras.

☞ La Palabra de Dios presenta el <u>Evangelio</u> para salvar al joven de sus pecados (Romanos 1:16, II Timoteo 3:14-15,)

☞ La Palabra de Dios tiene <u>poder</u> para penetrar al corazón del joven (Hebreos 4:12-13, Isaías 55:10-11)

☞ La Palabra de Dios es <u>inspirada</u> por Dios y es útil para poner un joven preparado para toda beuna obra (II Timoteo 3:16-17, Salmo 1:1-6, 119:11)
  ✎ Útil para <u>enseñar</u>
  ✎ Útil para <u>redargüir</u>
  ✎ Útil para <u>corregir</u>
  ✎ Útil para <u>instruir</u> en justicia

☞ La Palabra de Dios es lo que <u>limpia</u> al joven y rompe su corazón duro (Salmo 119:9, Jeremías 23:28)

☞ La proclamación de la Palabra de Dios es <u>elegida</u> por Dios para comunicar Su poder de salvación (I Corintios 1:17-24, Colosenses 1:26-29)

☞ La proclamación de la Palabra de Dios nunca debe ser por la <u>sabiduría</u> del hombre, sino sencillo según el poder del Espíritu Santo (I Corintios 2:4-5, II Corintios 4:1-6)

☞ La proclamación de la Palabra de Dios tiene que ser consistentemente <u>confrontacional</u> con paciencia (I Timoteo 4:13-16, II Timoteo 4:1-5, Tito 2:1-15)

El Ejemplo de Pablo
En el Ministerio de la Palabra de Dios
Hechos 20:17-21

☞ La <u>manera</u> de su ministerio
  - ✎ En <u>humildad</u> (19a)
  - ✎ Con <u>lágrimas</u> (19b)
  - ✎ Durante las <u>pruebas</u> (19c)
  - ✎ Sin <u>reservación</u> (20-21)
    - ➔ Por proclamar todo lo que es útil
    - ➔ Por proclamar en todos lugares
      - ✓ En público
      - ✓ En privado (en las casas)
    - ➔ Por proclamar a toda la gente
      - ✓ Los judíos
      - ✓ Los gentiles
  - ✎ Con <u>amonestación</u> con lagrimas (por 3 años) (31)
    - ➔ Por el día
    - ➔ Por la noche

☞ El <u>mensaje</u> de su ministerio
  *El predicó todo lo útil (20)
  - ✎ El <u>arrepentimiento</u> para con Dios (20b)
  - ✎ La <u>fe</u> en Jesucristo (20b)
  - ✎ El <u>evangelio</u> de la gracia de Dios (24)
  - ✎ El <u>reino</u> de Dios (25)
  - ✎ Todo el <u>consejo</u> de Dios (27)

El Método de Proclamar la Palabra de Dios
Nehemias 8:1-18, Hechos 2:14-47

☞ La <u>presentación</u> de la Palabra de Dios en público (Nehemías 8:1-6)
*Hechos 2:14-36
   ✎ El predicador/Los ayudantes
      → Leer la Palabra de Dios
      → Estar en un lugar central para que todos puedan oír la Palabra de Dios
      → Honrar la Palabra de Dios
   ✎ Los Oidores
      → Reunirse en un lugar para escuchar la Palabra de Dios
      → Tener interés en recibir la Palabra de Dios
      → Incluir todos los que pueden entender la Palabra de Dios
      → Honrar la Palabra de Dios cuando está leído
      → Adorar a Dios por lo que Él revela por su Palabra

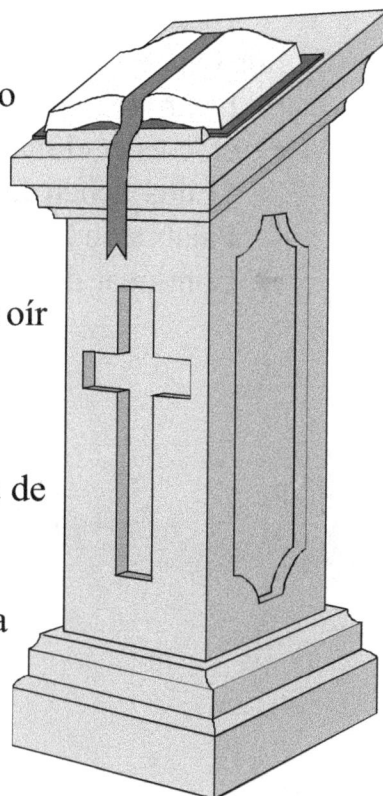

☞ La <u>explicación</u> de la Palabra de Dios al público (Nehemías 8:7-8)
*Hechos 2:37-40
   ✎ El predicador/Los ayudantes
      → Ayudar a los oidores entender la Palabra de Dios por leerla y explicarla
   ✎ Los Oidores
      → Aceptar la explicación de la Palabra de Dios
      → Quedarse en el lugar de instrucción hasta el fin de la presentación de la Palabra de Dios

☞ La <u>aplicación</u> de la Palabra de Dios por el público (Nehemías 8:9-18)
  *Hechos 2:41-47
  ✎ El predicador/Los ayudantes
    → Explicar el propósito de la Palabra de Dios por el día
    → Dirigir los oidores en aplicar la Palabra de Dios a su vida diaria
    → Consolar a los arrepentidos por el perdón de Dios revelado en la Palabra de Dios
  ✎ Los Oidores
    → Estar arrepentidos por como están contrarios a la Palabra de Dios
    → Obedecer el mandato de Dios según la instrucción del predicador
      *Ellos deben tomar tiempo y están listos de sacrificar para obedecer la Palabra de Dios
    → Continuar de recibir la Palabra de Dios del predicador con frecuencia

La Fórmula Práctica
para Proclamar la Palabra de Dios
Lucas 10:24-37

☞ <u>Presentar</u> la Palabra de Dios (24-29)
   ✎ Conocer las <u>necesidades</u> de la audiencia
   ✎ Conocer las <u>soluciones</u> de la Palabra de Dios

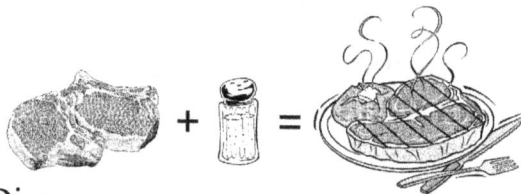

II Timoteo 2:15
15 Procura con diligencia presentarte a Dios aprobado,
como obrero que no tiene de qué avergonzarse,
que usa bien la palabra de verdad.

☞ <u>Explicar/Ilustrar</u> la Palabra de Dios (30-37a)
   *Jesucristo usó más que 38 parábolas para enseñar a sus seguidores
   ✎ <u>Explicar</u> las verdades bíblicas en palabras conocidas
   ✎ <u>Ilustrar</u> las verdades bíblicas con ejemplos conocidos
   Las ilustraciones nunca deben ser la razón por la lección sino usada con
   limitación para aumentar el conocimiento y la aplicación del estudio bíblico.
   *Si la audiencia requiere la ilustración pero se olvida la verdad bíblica, la
   proclamación fue un fracaso.
   ➜ Por historias conocidas
   ➜ Por ejemplos aplicables
   ➜ Por gráficas apropiadas

I Corintios 2:1-5
1 Así que, hermanos,
cuando fui a vosotros para anunciaros el testimonio de Dios,
no fui con excelencia de palabras o de sabiduría.
2 Pues me propuse no saber entre vosotros cosa alguna sino a Jesucristo,
y a éste crucificado.
3 Y estuve entre vosotros con debilidad, y mucho temor y temblor;
4 y ni mi palabra ni mi predicación
fue con palabras persuasivas de humana sabiduría,
sino con demostración del Espíritu y de poder,

5 para que vuestra fe no esté fundada en la sabiduría de los hombres, sino en el poder de Dios.

☞ <u>Aplicar</u> la Palabra de Dios (37b)
   ✎ Presentar <u>aplicaciones</u> prácticas
   ✎ Promover las <u>decisiones</u> personales
   ✎ Proveer <u>oportunidades</u> para poner en práctica las decisiones personales

Santiago 4:17
17 y al que sabe hacer lo bueno, y no lo hace, le es pecado.

Santiago 1:21-25
*21 Por lo cual, desechando toda inmundicia y abundancia de malicia, recibid con mansedumbre la palabra implantada, la cual puede salvar vuestras almas.
22 Pero sed hacedores de la palabra, y no tan solamente oidores, engañándoos a vosotros mismos.
23 Porque si alguno es oidor de la palabra pero no hacedor de ella, éste es semejante al hombre que considera en un espejo su rostro natural.
24 Porque él se considera a sí mismo, y se va, y luego olvida cómo era.
25 Mas el que mira atentamente en la perfecta ley, la de la libertad, y persevera en ella, no siendo oidor olvidadizo, sino hacedor de la obra, éste será bienaventurado en lo que hace.*

La Meta en la Proclamación de la Palabra de Dios
Hebreos 5:12-14

12 Porque debiendo ser ya maestros, después de tanto tiempo,
tenéis necesidad de que se os vuelva a enseñar
cuáles son los primeros rudimentos de las palabras de Dios;
y habéis llegado a ser tales que tenéis necesidad de leche,
y no de alimento sólido.
13 Y todo aquel que participa de la leche es inexperto en la palabra de justicia,
porque es niño;
14 pero el alimento sólido es para los que han alcanzado madurez,
para los que por el uso tienen los sentidos ejercitados en el discernimiento del
bien y del mal.

La meta de la Proclamación de la Palabra de Dios es:
Que cada joven <u>maduran</u>
a <u>reconocer</u> la diferencia del bueno y lo del malo,
saber como <u>hacer</u> lo bueno y <u>rechazar</u> lo malo,
y <u>dedicarse</u> a la <u>obediencia</u> de a lo bueno.

El Ejemplo del Rey Salomón
I Reyes 3:5-14
9 Da, pues, a tu siervo corazón entendido para juzgar a tu pueblo,
y para discernir entre lo bueno y lo malo;
porque ¿quién podrá gobernar este tu pueblo tan grande?

La Instrucción de Pablo
Efesios 4:17-32
20 Mas vosotros no habéis aprendido así a Cristo,
21 si en verdad le habéis oído, y habéis sido por él enseñados,
conforme a la verdad que está en Jesús.
22 En cuanto a la pasada manera de vivir, despojaos del viejo hombre,
que está viciado conforme a los deseos engañosos,

23 y renovaos en el espíritu de vuestra mente,
24 y vestíos del nuevo hombre,
creado según Dios en la justicia y santidad de la verdad.

La Diferencia de la Vida Buena y la Vida Mala
Gálatas 5:16-26
16 Digo, pues: Andad en el Espíritu,
y no satisfagáis los deseos de la carne.
17 Porque el deseo de la carne es contra el Espíritu,
y el del Espíritu es contra la carne;
y éstos se oponen entre sí,
para que no hagáis lo que quisiereis.

El Fruto del Espíritu	El Fruto de la Carne
Amor	Adulterio
Gozo	Fornicación
Paz	Inmundicia
Paciencia	Lascivia
Benignidad	Idolatría
Bondad	Hechicerías
Fe	Enemistades
Mansedumbre	Pleitos
Templanza	Celos
	Iras
	Contiendas
	Disensiones
	Herejías
	Envidias
	Homicidios
	Borracheras
	Orgías
	Cosas semejantes a estas

Gálatas 5:24-25
24 Pero los que son de Cristo han crucificado la carne
con sus pasiones y deseos.
25 Si vivimos por el Espíritu, andemos también por el Espíritu.

Los Consejos Básicos
para la Presentación de una Lección

La presentación debe incluir todos las tres tipos de aprendizaje.
Visual *- Aprender por observar el proceso o fin*
Audible *- Aprender por oír una explicación*
Kinestésica *- Aprender por poner en acción o práctica*

http://testprep.about.com/od/tipsfortesting/a/Different_Learning_Styles.htm
(11 de enero, 2016)

☞ La <u>presentación</u>
   ✎ Presentar un bosquejo <u>escrito</u> para que el oyente puede guardarlo y repasarlo luego
   ✎ Usar una <u>pizarra</u> o un <u>proyector</u> para presentar cada punto y las ilustraciones
   *La presentación visual nunca debe ser muy complicada porque causa distracción de la lección.

☞ El <u>título</u>
   ✎ Hacerlo <u>coherente</u> con la lección
   *El título debe ser elegido basado en el propósito de lección, nunca debe la lección ser elegida basado en un titulo interesante.
     ➜ Proporcionar el propósito de la lección
     ➜ Proporcionar el pasaje bíblico
   ✎ Hacerlo <u>conciso</u>
     ➜ Usar un resumen de la lección
   ✎ Hacerlo <u>cautivante</u>
     ➜ Usar palabras captivante
       *El título no debe distraer del objeto de la lección.
     ➜ Usar letras y un formato captivante

☞ Los <u>puntos</u>
  ✎ Hacer cada punto <u>claro</u> y <u>conciso</u>
    ➡ Usar palabras que cautiva la atención
    ➡ Usar palabras que se pegan a la mente
  ✎ Usar <u>citas</u> de las Escrituras
    *Apuntar el versículo de donde el punto está encontrado.
  ✎ Organizar cada punto en un <u>orden</u> lógico
    ➡ Orden encontrado en el pasaje
    ➡ Orden de progresión de la verdad o la acción

☞ Las <u>ilustraciones</u>
  *Una ilustración debe abrir la mente a las posibilidades y motivar el corazón a la importancia de aplicación personal.
  ✎ Usar los <u>eventos</u> conocidos
    *Nunca usan los eventos que pueden causar ofensa a la audiencia.
  ✎ Usar <u>historias</u> aplicables
    *Usar las historias bíblicas bien conocidas para presentar la obediencia o desobediencia y los resultados.
  ✎ Usar las <u>gráficas</u> y las <u>fotos</u> apropiadas
    ➡ Nunca usar las gráficas ni las fotos cuestionables
    ➡ Únicamente usar gráficas cuando aumentan el punto
      *No usar demasiadas gráficas porque se puede distraer de la lección.
  ✎ Usar <u>ejemplos</u> físicos de la naturaleza, la comida, etc.
  ✎ Usar <u>citas</u> de las Escritoras para enfatizar las verdades claves
  ✎ Usar <u>preguntas</u> o <u>declaraciones</u> claras para motivar aplicación personal

Enseñar el joven entero por incluir todos sus <u>5</u> sensaciones
I Tesalonicense 5:23
Y el mismo Dios de paz os santifique por completo;
y todo vuestro ser, espíritu, alma y cuerpo,
sea guardado irreprensible para la venida de nuestro Señor Jesucristo.

EL JOVEN PIADOSO
EN LA CULTURA MUNDANA
DANIEL 1:1-21

☞ El joven <u>capaz</u> (3b-4a)
- ✓ De buena familia
- ✓ De buena aparencia
- ✓ De buena instrucción
- ✓ De buena inteligencia
- ✓ De buenas modales

☞ El joven con <u>oportunidad</u> (4b-5)
- ✓ Estar en la casa del rey
- ✓ Estar enseñado en las mejores escuelas
- ✓ Estar sostenido con la mejor comida y bebida
- ✓ Estar presentado al rey
- ✓ Estar en contra a los mandatos de Dios

☞ El joven con <u>convicción</u> (8, 10-13)
- ✓ Mantener amistades piadosas

- ✓ Decidir en su corazón que no se contamina
  *El corazón es central a la vida - Sal. 37:30-31, Jer. 17:9-10, Mat. 12:34-37, Rom. 10:9-10
  - ✎ Por no compartir de las cosas no permitidas por Dios
  - ✎ Por pedir permiso del jefe
  - ✎ Por depender en Dios por Su protección

☞ El joven <u>bendecido</u> (9, 12, 17-21)
- ✓ Dios le dio favor con los príncipes
- ✓ Dios le dio mejor salud
- ✓ Dios le dio conocimiento y entendimiento
- ✓ Dios le dio 10 veces mas entendimiento de todos lo demás delante del rey

Los Entendimientos Básicos
para Guardar la Atención de una Audiencia
en la Instrucción Bíblica

Quién
Entender a <u>quien</u> estás dando la enseñanza

Qué
Entender de <u>que</u> estás dando la enseñanza

Cuánto
Entender <u>cuanto</u> tiempo tienes para dar la enseñanza

Cuándo
Entender <u>cuando</u> estás dando la enseñanza

Cómo
Entender <u>como</u> es lo mejor para dar la enseñanza

Los Estudios Bíblicos Significantes en la Vida del Joven

Estudios de pasajes claves o libros enteros de la Biblia
Estudios de temas básicos en la vida cristiana
Estudios de tópicas importantes en la juventud
Estudios de personajes bíblicos
Estudios de los Salmos y Proverbios
Estudios de las parábolas y los milagros de Jesucristo
Estudios sobre los atributos de Dios
Estudios de los nombres de Dios y Jesucristo
Estudios para contestar las preguntas presentadas por los jóvenes

Los Pasos a la Vida Cambiada
Romanos 10:9-18

Romanos 10:9-10
9 Que si confesares con tu boca que Jesús es el Señor,
y creyeres en tu corazón
que Dios le levantó de los muertos, serás salvo.
10 Porque con el corazón se cree para justicia,
pero con la boca se confiesa para salvación.

EL PREDICADOR TIENE QUE SER ENVIADO
¿Y cómo predicarán si no fueren enviados?

EL PREDICADOR TIENE QUE PREDICAR LA PALABRA DE DIOS
¿Y cómo oirán sin haber quien les predique?

EL RECIPIENTE TIENE QUE OÍR LA PALABRA DE DIOS
¿Y cómo creerán en aquel de quien no han oído?

EL RECIPIENTE TIENE QUE CREER EN DIOS
¿Cómo, pues, invocarán a aquel en el cual no han creído?

EL RECIPIENTE TIENE QUE INVOCAR AL NOMBRE DEL SEÑOR
Porque todo aquel que invocare el nombre del Señor,
será salvo.

Romanos 10:17
Así que la fe es por el oír, y el oír, por la palabra de Dios.

  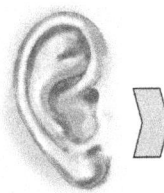  

ENVIAR　　PREDICAR　　OÍR　　CREER　　INVOCAR

Romanos 10:15

El Evangelismo de los Niños
Mateo 18:1-14, 19:13-15,
Marcos 9:36-37, 10:13-16,
Lucas 9:46-48, 18:15-17

*Jesús usó a los niños como ejemplos de los mayores en el reino de Dios - Mateo 18:1-14, Marcos 9:36-37, Lucas 9:46-48

*Jesús bendijo a los niños en Su ministerio - Mateo 19:13-15, Marcos 10:13-16, Lucas 18:15-17

☞ El entendimiento necesario (para el adulto)
  ✎ Ellos son valerosos a Dios (Mateo 18:1-4)
  ✎ Ellos pueden entender el mensaje de Dios (Mateo 11:25-26)
  ✎ Ellos están perdidos sin la obra de Dios (Mateo 18:11-14)
    *Jesús vino para salvarlos
    *No es la voluntad de Dios que ellos se pierdan

☞ Las acciones necesarias (para el adulto)
  ✎ Orar por los niños (Mateo 19:13)
  ✎ Invitar a los niños (Mateo 19:14)
    *Invitarlos a venir a Jesús
  ✎ Recibir a los niños (Marcos 16:16a)
    *Cuando recibe a los niños, recibe a Jesús y a Dios - Mateo 18:5, Marcos 9:36-37, Lucas 9:46-48
  ✎ Bendecir a los niños (por dirigirles a Jesús) (Marcos 16:16b)
    *Enseñarles la fe por la Palabra de Dios - II Timoteo 3:14-17, Romanos 10:17

☞ Las reacciones necesarias (para el niño)
  ✎ Ser humilde (Mateo 18:4)
  ✎ Recibir a Jesús (Marcos 10:13-16, Lucas 18:15-17)
    *Juan 1:12

El Ejemplo de como Dios Dirige a un Niño
I Samuel 3:1-20

I Samuel 3:7
7 Y Samuel no había conocido aún a Jehová,
ni la palabra de Jehová le había sido revelada.

☞ Los niños tienen que oír el llamado de Dios repetidas veces (4-5, 8)
  *Romanos 10:14, 17
  ✎ Animar al niño y proveerle las oportunidades de escuchar la predicación e instrucción que presenta el Evangelio.
  ✎ Ser paciente y constante con la instrucción sobre el Evangelio.
  ✎ Eliminar todo tipo de distracción durante las instrucciones sobre el Evangelio.

☞ Los niños tienen que ser enseñados por los adultos (9)
  *Sobre el llamado de Dios
    **II Timoteo 1:5, 3:14-15
  *Sobre cómo responder al llamado de Dios
    **Hechos 2:37-38
  ✎ Usar palabras claras, sencillas, y comunes al niño cuando esté presentando el Evangelio.
  ✎ Usar ilustraciones físicas para explicar el Evangelio.
    *La fe de sentarse en una silla
    *Un regalo aceptado sin pago
  ✎ Hacer preguntas para evaluar el entendimiento mental y la sensitividad del corazón a Dios mientras que séa presentando el Evangelio.
    ☺¿Qué es el pecado?
    ☺¿Quién es pecador?
    ☺¿Cuál es el resultado de los pecados?
    ☺¿Qué mereces tú por los pecados que has cometido?
    ☺¿Puedes pagar por tus propios pecados para que puedas entrar al cielo?
    ☺¿Qué hizo a Jesús para pagar por tus pecados?
    ☺¿Qué tienes que hacer para recibir el pago de Jesús por tus pecados?

☞ Los niños tienen que obedecer la instrucción dada sobre Dios (9b-10)
- ✎ Explicar cómo el niño puede obedecer la Biblia en las maneras prácticas (confesar con su boca, orar, etc.).
- ✎ Ofrecer la oportunidad de obedecer en el momento (¡No le empuje si no está bien listo! Es mejor esperar hasta que el Espíritu Santo lo lleve a la decisión.)

☞ Los niños tienen que recibir personalmente el mensaje de Dios (10-14)
- ✎ Asegurar que el niño entiende el Evangelio por pedir que lo explique en sus propias palabras.
- ✎ Preguntar si él quiere hacer una decisión en el momento.
  ☺¿Quieres orar ahora mismo para pedir a Dios que te perdone de tus pecados porque estás dependiendo únicamente en Él para tu salvación?
- ✎ Esperar hasta que el niño esté bien seguro que él quiere hacer una decisión por sí.
  *Siempre animarlo a orar en sus propias palabras y únicamente cuando sea necesario ayudarlo con algunas palabras.
  *La oración debe incluir el reconocimiento de su pecado, el único pago por Jesús, la fe en Jesús únicamente, y la acción de gracias por la salvación.

☞ Los niños tienen que tomar en serio el mensaje de Dios (15-18)
- ✎ Hacer algunas preguntas para verificar que él entendió, después que el niño haga una decisión.
  ☺¿Qué hiciste ahora mismo?
  ☺¿Ahora, qué dice Dios que Él hizo con tus pecados?
  ☺¿Si tu murieres ahora, mañana, o cien años de hoy, a dónde irías?
  ☺¿Por qué Dios va a permitirte entrar al cielo?
  ☺¿Cómo es tu relación con Dios ahora mismo?

☞ Los niños tienen que guardar la verdad del mensaje de Dios (19)
  *Romanos 10:9-10
- ✎ Animarlo a compartir su decisión en público. (¡Nunca debe dar el testimonio para el niño!)
- ✎ Explicar cómo el niño puede dar evidencia práctica en el futuro de su obediencia
- ✎ Verificar que él muestre un deseo para las cosas de Dios.

I Samuel 3:19

La Consejería
por el Ejemplo de Jesús

Nicodemo
Juan 3:1-21

☞ Nicodemo vino a Jesús (2a)

☞ Nicodemo compartió su entendimiento sobre Jesús (2b)
   *Jesús permitió que Nicodemo hablara con Él en privado

Introducción

☞ Nicodemo recibió la instrucción de Jesús (3)

☞ Nicodemo preguntó sobre la instrucción de Jesús (4)

Transición

☞ Nicodemo recibió la explicación sobre la instrucción de Jesús (5-21)
   *Jesús escuchó la pregunta de Nicodemo mientras que estaba explicando la instrucción

Explicación e Instrucción

Tiempo

☞ Nicodemo se comportó como seguidor de Jesús (19:38-40)
   *Nicodemo defendió a Jesús delante de los otros fariseos (Juan 7:45-53)

Decisión

La Mujer Samaritana
Juan 4:1-39

☞ Jesús vino a la mujer Samaritana (1-7)
   ✎ Al lugar en donde una persona con necesidad estaba
   ✎ Él sabiá que ella tenía una necesidad

Introducción

☞ Jesús empezó la conversación (7-9)
   ✎ Él empezó con una petición sencilla
   ✎ Él entró en una conversación extraña
     *Por comunicarse con una persona que era rechazada

Transición

☞ Jesús contestó la pregunta sobre las tradiciones humanas por compartir una verdad espiritual (9-10)
  *El agua física por el agua espiritual

Explicación e Instrucción

☞ Jesús contestó la pregunta sobre el agua física con una respuesta sobre el agua espiritual (11-14)
☞ Jesús continuó la instrucción espiritual después que el interés fuese expresado (15)
☞ Jesús confrontó una necesidad (pecado) en su vida (16)
☞ Jesús reveló la seriedad de la necesidad (pecado) (17-18)
☞ Jesús removió la distracción religiosa que la mujer Samaritana trató de causar (19-24)
☞ Jesús usó la creencia de la mujer Samaritana para revelar en quien más ella tenía que creer
  *Creencia en Él como la solución de toda su necesidad (pecado) y todas las preguntas religiosas (25-26)
  *Él no la presionó para una decisión en el momento, pero las acciones de la mujer revelaron su creencia en Él (28-29, 39-42)

**28 Entonces la mujer dejó su cántaro,
y fue a la ciudad, y dijo a los hombres:
29 Venid,
ved a un hombre que me ha dicho todo cuanto he hecho.
¿No será éste el Cristo?**

Decisión

Conformidad o Convicción
Mateo 15:11, 15-20, Marcos 7:1-23

Marcos 7:6
6 Respondiendo él, les dijo:
Hipócritas, bien profetizó de vosotros Isaías, como está escrito:
Este pueblo de labios me honra, mas su corazón está lejos de mí.

☞ La <u>confrontación</u> por la falta de conformidad a las normas humanas
(tradiciones) (Marcos 7:1-5)
   ✎ Las normas hechas por <u>religión</u>
      *Colosenses 2:8, I Pedro 1:18-19
      ➜ Por los <u>padres</u>
      ➜ Por las razones <u>sociales</u> (salud)

De guardar las <u>normas</u> sociales y religiosas, no lo hace el hombre <u>espiritual</u>.
De guardar la <u>Palabra</u> de Dios de corazón sincero,
lo hace un pecador un <u>santo</u>.

Santiago 1:26-27
26 Si alguno se cree religioso entre vosotros,
y no refrena su lengua,
sino que engaña su corazón,
la religión del tal es vana.
27 La religión pura y sin mácula delante de Dios el Padre es esta:
Visitar a los huérfanos y a las viudas en sus tribulaciones,
y guardarse sin mancha del mundo.

☞ La <u>confusión</u> de la conformidad a las normas humanas (Marcos 7:6-13)
   ✎ Dios <u>rechaza</u> las palabras y las acciones de la hipocresía
      *De ganar la aprobación de los hombres mientras vivir egoísta
   ✎ Dios <u>acepta</u> las palabras y las acciones del corazón
      *De ganar la aprobación de Dios sin recompensa humana

De hacer las buenas obras para la vista del <u>hombre</u> no gana <u>nada</u>.
De hacer las buenas obras para la vista de <u>Dios</u>, gana <u>toda</u>.

Mateo 6:1-4

1 Guardaos de hacer vuestra justicia delante de los hombres,
para ser vistos de ellos;
de otra manera no tendréis recompensa de vuestro Padre que está en los cielos.
2 Cuando, pues, des limosna,
no hagas tocar trompeta delante de ti,
como hacen los hipócritas en las sinagogas y en las calles,
para ser alabados por los hombres;
de cierto os digo que ya tienen su recompensa.
3 Mas cuando tú des limosna, no sepa tu izquierda lo que hace tu derecha,
4 para que sea tu limosna en secreto;
y tu Padre que ve en lo secreto te recompensará en público.

☞ La clarificación de la importancia de la convicción del corazón, en vez de la conformidad a las normas humanas (Marcos 7:14-23)
   ✎ La instrucción presentada (14-16)
      ➜ Lo que contamina al hombre no es lo que entra su vida
      ➜ Lo que contamina al hombre es lo que sale de la vida
   ✎ La instrucción explicada (17-23)
      ➜ Lo que entra el cuerpo es física
      ➜ Lo que sale del corazón (palabras y acciones) es espiritual
        *El fruto de la carne y el fruto del Espíritu (Gálatas 5:16-26)

De vivir conformado a las normas no convence el corazón.
De vivir según un corazón de convicciones
siempre es conformada a las normas.

Lucas 6:43-45

43 No es buen árbol el que da malos frutos,
ni árbol malo el que da buen fruto.
44 Porque cada árbol se conoce por su fruto;
pues no se cosechan higos de los espinos,
ni de las zarzas se vendimian uvas.
45 El hombre bueno, del buen tesoro de su corazón saca lo bueno;
y el hombre malo, del mal tesoro de su corazón saca lo malo;
porque de la abundancia del corazón habla la boca.

**¡Las normas son <u>comandadas</u>,
pero las convicciones son <u>cogidas</u>!**

**¡Las normas cambian con las <u>circunstancias</u> de la vida,
sino las convicciones guardan la vida en los <u>cambios</u> de la vida!**

**¡Las normas y las convicciones tienen que ser fundadas
en los Dos <u>Grandes</u> Mandamientos:
Amar a <u>Dios</u> y amar a tu <u>prójimo</u> como a ti mismo!
(Mateo 22:36-40)**

Estableciendo Normas Bíblicas y Prácticas
Proverbios 22:3

3 El avisado ve el mal y se esconde;
Mas los simples pasan y reciben el daño.

Normas no son la <u>cinta</u> de medir la espiritualidad de la vida,
sino las <u>barandillas</u> para guardar la vida espiritual.

☞ Hacer normas que <u>aplican</u> las instrucciones bíblicas y <u>producen</u> la gloria para Dios (I Corintios 10:31, Colosenses 3:17)

☞ Hacer normas que <u>guardan</u> el testimonio por la disciplina propia (I Corintios 9:19-27)

☞ Hacer normas que <u>protegen</u> del pecado y edifican a los demás (Romanos 14:13-23, I Corintios 8:1-13)

☞ Hacer normas que <u>mantengan</u> la organización (I Corintios 14:40)

Mateo 22:36-40
36 Maestro, ¿cuál es el gran mandamiento en la ley?
37 Jesús le dijo: Amarás al Señor tu Dios con todo tu corazón, y con toda tu alma, y con toda tu mente.
38 Este es el primero y grande mandamiento.
39 Y el segundo es semejante:
Amarás a tu prójimo como a ti mismo.
40 De estos dos mandamientos depende toda la ley y los profetas.

Ama a Dios con toda tu corazón alma mente fuerza

Ama a tu prójimo como a ti mismo

Mateo 7:12
12 Así que,
todas las cosas que queráis que los hombres hagan con vosotros,
así también haced vosotros con ellos;
porque esto es la ley y los profetas.

Las normas espirituales

Las normas sociales

Gálatas 5:13-14
13 Porque vosotros, hermanos, a libertad fuisteis llamados;
solamente que no uséis la libertad como ocasión para la carne,
sino servíos por amor los unos a los otros.
14 Porque toda la ley en esta sola palabra se cumple:
Amarás a tu prójimo como a ti mismo.

El Proceso de Ganar la Confianza

Gálatas 6:4-5

4 Así que, cada uno someta a prueba su propia obra,
y entonces tendrá motivo de gloriarse
sólo respecto de sí mismo,
y no en otro;
5 porque cada uno llevará su propia carga.

RESPONSABILIDAD

☺CONFIANZA
☹DESCONFIANZA

☞MANDATO
☺PRIVILEGIO

RESULTADO

RECEPTIVIDAD

¿CUÁNDO ME CONFIARÁS?

☺OBEDIENCIA
☹DESOBEDIENCIA

☺ATENTO
☹INATENTO

REACCIÓN

RESPUESTA

☺SUMISIÓN
☹REBELIÓN

	Caín	David
Responsabilidad	Génesis 4:3, 7	I Samuel 17:15-18
Receptividad	Génesis 4:4-5	I Samuel 17:20b
Respuesta	Génesis 4:8a	I Samuel 17:29
Reacción	Génesis 4:8b	I Samuel 17:20-22
Resultado	Génesis 4:9-16	I Samuel 17:23-58

La Confrontación y la Corrección de Desobediencia por el Ejemplo de Dios
Génesis 4:1-15

Hebreos 12:11
11 Es verdad que ninguna disciplina
al presente parece ser causa de gozo, sino de tristeza;
pero después da fruto apacible de justicia
a los que en ella han sido ejercitados.

✓ **Confrontar** la situación con preguntas (6-7)
6 Entonces Jehová dijo a Caín: ¿Por qué te has ensañado, y por qué ha decaído tu semblante?
7 Si bien hicieres, ¿no serás enaltecido? y si no hicieres bien, el pecado está a la puerta; con todo esto, a ti será su deseo, y tú te enseñorearás de él.
  ‣ Preguntar sobre la actitud
  ‣ Preguntar sobre el ánimo
  ‣ Preguntar sobre la acción

✓ **Confrontar** con instrucción (7)
7 Si bien hicieres, ¿no serás enaltecido? y si no hicieres bien, el pecado está a la puerta; con todo esto, a ti será su deseo, y tú te enseñorearás de él.
  ‣ Instruir sobre la bendición de la obediencia
  ‣ Instruir sobre la destrucción de la desobediencia

✓ **Dar** la oportunidad para obediencia o desobediencia (8)
8 Y dijo Caín a su hermano Abel: Salgamos al campo. Y aconteció que estando ellos en el campo, Caín se levantó contra su hermano Abel, y lo mató.

✓ **Confrontar** (por segunda vez) con <u>preguntas</u> (9a, 10a)
   9 Y Jehová dijo a Caín: ¿Dónde está Abel tu hermano? ...
   10 Y él le dijo: ¿Qué has hecho? ...
   ▸ Preguntar con la oportunidad para confesión

✓ **Notar** las <u>excusas</u> y la <u>encubierta</u> de la desobediencia, pero no sea engañado (9b)
   9 ...Y él respondió: No sé. ¿Soy yo acaso guarda de mi hermano?

✓ **Confrontar** con una <u>pregunta</u> y revelar la <u>evidencia</u> de la desobediencia (10b)
   10 ... La voz de la sangre de tu hermano clama a mí desde la tierra.
   ▸ Revelar que hay evidencia contra las excusas
   ▸ Revelar que se sabe la verdad

✓ **Confrontar** con <u>disciplina</u> justa por la desobediencia (11-12)
   11 Ahora, pues, maldito seas tú de la tierra, que abrió su boca para recibir de tu mano la sangre de tu hermano.
   12 Cuando labres la tierra, no te volverá a dar su fuerza; errante y extranjero serás en la tierra.
   ▸ Revelar la disciplina justa con claridad y firmeza

✓ **Notar,** pero no sea engañado por, la <u>queja</u> de la injusticia (13-14)
   13 Y dijo Caín a Jehová: Grande es mi castigo para ser soportado.
   14 He aquí me echas hoy de la tierra, y de tu presencia me esconderé, y seré errante y extranjero en la tierra; y sucederá que cualquiera que me hallare, me matará.

✓ **Presentar** su <u>cuido</u> personal en la disciplina (15)
   15 Y le respondió Jehová: Ciertamente cualquiera que matare a Caín, siete veces será castigado. Entonces Jehová puso señal en Caín, para que no lo matase cualquiera que le hallara.
   ▸ Dar confianza de los límites de la disciplina
   ▸ Dar confianza de una relación personal en adelante

Hebreos 12:12-13
12 Por lo cual,
levantad las manos caídas y las rodillas paralizadas;
13 y haced sendas derechas para vuestros pies,
para que lo cojo no se salga del camino, sino que sea sanado.